自分でつくる電子本

蔵書家のための

自炊

徹底入門

自炊本愛好会 著

パーソナルメディア

本書は著作権法上の保護を受けています。
本書の一部または全部を著作権法の定めによる範囲を超えて、複写、複製、転記、転載、再配布（ネットワーク上へのアップロードを含む）することは禁止されています。

本書を代行業者等の第三者に依頼してスキャンやデジタル化することは、たとえ個人や家庭内での利用であっても著作権法上認められていません。

本文中では ©、TM、® の表記を明記していません。
Smooth Reader はパーソナルメディア株式会社の商標です（商標登録出願中）。
Adobe、Adobe Acrobat、Adobe Reader は、Adobe Systems Incorporated（アドビ システムズ社）の米国ならびに他の国における登録商標または商標です。
Apple、iPad、iTunes、Mac は、米国および他の国々で登録された Apple Inc. の商標です。
App Store は Apple Inc. のサービスマークです。
Microsoft、Windows は、米国 Microsoft Corporation の米国およびその他の国における登録商標または商標です。
Scotch は 3M 社の登録商標です。
その他会社名、製品名、サービス名等は、各社の登録商標または商標です。

本書の運用は運用者の責任において利用するものとし、運用によって発生したいかなる直接的・間接的被害についても、著者およびパーソナルメディア株式会社はその責任を負いません。

本書に記載されている内容は、2011 年 3 月執筆時点のものです。

はじめに

　Apple社は2010年4月にタブレット型のコンピュータiPadを発売した。日本でiPadが紹介されたときに、その大きな機能として電子書籍が紹介された。本をめくるような操作とそれに追従するページがめくれる動き、可変する文字の大きさ、美しいカラーなどが魅力たっぷりに紹介され一気に電子書籍に注目が集まった。

　そして、これにつられてiPadを買って、結果失望した人もいるのではないか。なぜなら日本語で読める電子書籍がほとんど売られていないからだ。それを知ってiPadを買うのをやめたという人もいるだろう。その後2010年12月にシャープとソニーが電子書籍端末を発売、日本の本の電子書籍ストアもスタートした。しかしまだまだ点数が少ない。インターネットで、たとえばソニーのReader Storeと、紙の書籍を扱うAmazonの検索欄に、今自分が読んでいる本のタイトルを入れてみればすぐわかる。Amazonでは販売されていてもReader Storeでは「見つからない」本がまだまだ多い。

　本書は、電子書籍業界が発展するのを期待しつつも、売っていないなら電子書籍を自分でつくってしまおうという本だ。つまり、持っている蔵書や買ってきた本を電子書籍にしてiPadなどで気軽に読めるようにしようということで、これを「自炊」という。ネットの世界で使われ出した言葉だが、言い得て妙である。

　ところで、自炊により電子書籍化する意義には、

（1）　自炊した本は処分するため、本を置くスペースがどんどん空く
（2）　数百冊の本を持ち運べる
（3）　文字を拡大して読むことができる
（4）　古い本が傷む前に電子書籍化して救える

などがあげられる。部屋のスペースを圧迫している蔵書が片付き、それらを手軽に持ち運ぶことができる。それだけでも魅力的なことではないだろうか。

　自炊はけっして難しいものではない。本書は、自炊にはじめて取り組む人、

はじめに

取り組もうと考えている人向けにわかりやすく自炊の方法を説明している。パソコンに慣れていない人でも本書を参考にして、気軽に自炊に取り組んでもらえればうれしいかぎりである。

電子書籍が並んだ本棚（iPad の Smooth Reader 画面）

目次

はじめに　3

1　自分の本を電子書籍で読む　7

1.1　自炊とは　7
1.2　ドキュメント・スキャナー　8
1.3　PDF　9
1.4　著作権法上の根拠と問題　10

2　自炊の準備と流れ　11

2.1　自炊の覚悟　11
2.2　自炊作業の流れ　13
2.3　準備するもの　14

3　自炊の方法　19

3.1　本の裁断　19
　3.1.1　本を裁断する前に　19
　3.1.2　本の裁断　19
3.2　スキャナーの設定をする　21
3.3　本をスキャン　34
　3.3.1　本文のスキャン　34
　3.3.2　スキャンが途中で止まったり、紙が皺くちゃになった場合の対処　40
　3.3.3　スキャンの確認とPDFの編集　43
　3.3.4　カバーをスキャン　57
　3.3.5　カバーの表紙を挿入　60
　3.3.6　口絵やカラーページなどをスキャンして挿入する　63

4　自炊のプロになる　　64

- 4.1　裁断機の取り扱い　64
- 4.2　本のタイプ別処理方法　69
    - 4.2.1　無線綴じの本　69
    - 4.2.2　平綴じの本　69
    - 4.2.3　中綴じの本　71
    - 4.2.4　上製本（丸背）の本　71
    - 4.2.5　上製本（角背）の本　75
    - 4.2.6　A4より幅のある本　75
    - 4.2.7　和綴じの本　76
    - 4.2.8　見開きの写真が多い本　80
    - 4.2.9　本棚に長くしまわれていた古い本　82
    - 4.2.10　折り込みページ、挟み込み冊子　82
- 4.3　バックアップとスキャナーの手入れ　83
    - 4.3.1　バックアップ　83
    - 4.3.2　スキャナーの手入れ　84

5　電子書籍を読む　　86

- 5.1　iPadの電子書籍リーダー・アプリケーションを購入する　86
- 5.2　Smooth Readerに自炊した電子書籍を登録する　90
- 5.3　Smooth Readerで読む　96
- 5.4　電子書籍をいろいろな場所で読む　104
- 5.5　さいごに　105

付録　自炊ワークブック　　107

付録の使い方　108

1 自分の本を電子書籍で読む

1.1 自炊とは

　「自炊」。この言葉の発祥は日本最大のインターネット上の掲示板「2 ちゃんねる」らしい。iPad やパソコンなどで読むために、自分で蔵書の漫画や雑誌など書物を電子化することを言う。もし米国のように電子化された書籍が多数市販されているなら、それを買ってくればよい。食事にたとえれば、店で売っている弁当を買ってくるのと同じだ。でも、売っているものがないなら、自分で作ってしまおうというのが「自炊」というわけだ。本書では、自炊をするために必要な道具や自炊する方法を具体的に説明する。自炊した電子書籍を読む端末としては iPad を対象として説明するが、自炊してでき上がったファイルは汎用性が高く、パソコンや多くの電子書籍専用端末で読むことができる。

図 1.1　iPad

1.2 ドキュメント・スキャナー

　本のページをデジタルカメラで写真に撮ってしまえば、その写真をコンピュータの画面で見ることができる。これは立派な電子化だ。しかし、何百ページもある本の1ページ1ページの写真を撮るのは大変だ。これをもっと効率的に行える機械がある。「スキャナー」というものだ。スキャナーにもいくつかのタイプがあるが、自炊に適したものは「ドキュメント・スキャナー」と呼ばれるもので、自動紙送り（オートシートフィーダー）機能がついた機種だ。コピー機やファクシミリのように紙の束を置くだけで、自動的に1枚1枚読み取って電子化する機能を持っている。

　最近のドキュメント・スキャナーは、両面を一度に読み取り、スピードも速く、実用的になっている。

図 1.2　ScanSnap S1500
（写真：株式会社 PFU）

1.3 PDF

　スキャナーで本を読み取るとデジタルカメラでよく使われる JPEG（ジェイペグ）か PDF（ピーディーエフ）というファイル形式で保存することができる。自炊ではおもに後者の PDF という形式を使う。PDF は利便性が高く、iPad をはじめとする端末で動作する電子書籍を読むための道具（アプリケーション・ソフトウェア）の多くが PDF 形式の書籍を表示する機能を持つからだ。

　PDF は、書類などを印刷したのと同じような形で電子的に保存することを目的として Adobe（アドビ）という会社が作ったデータの形式のことをいう。Adobe 社は、PDF 形式の電子書類をパソコンで表示させるための Adobe Reader と呼ぶアプリケーション・ソフトウェアを無償で配布した。このため、PDF はパソコンやインターネットの世界ではごく一般的に使われるようになった。いまでは PDF 形式はパソコンのみならず、iPad や多くの電子書籍端末、スマートフォンなどで表示することができる。

1.4 著作権法上の根拠と問題

　やや固い話になるが、自炊は法的に問題ないのかについて議論しておこう。自炊のため本をスキャナーで読み取ることは、コピーすることと同じで「複製」にあたる。著作権法第三十条では、自分に著作権がなくても私的使用のための複製は許可されている。

> （私的使用のための複製）
> 第三十条 著作権の目的となつている著作物（以下この款において単に「著作物」という。）は、個人的に又は家庭内その他これに準ずる限られた範囲内において使用すること（以下「私的使用」という。）を目的とするときは、次に掲げる場合を除き、その使用する者が複製することができる。（著作権法やこの条文全体を確認される場合は（社）著作権情報センターのwebサイト http://www.cric.or.jp/ を参照するとよい）

　ここで重要なことは「その使用する者が複製する」ことが条件ということだ。「その使用する者」以外の者が複製してはいけない。したがって、自分でスキャンする「自炊」はOKだが、スキャンを業者などの第三者に委託すると著作権法違反になる。最近出版社も、書籍に第三者が複製（電子的な複製を含む）を禁止する旨の注記書きを書くようになってきている。注意書きがなくても著作権法の定めがあるのでそれに従って正しく自炊することが重要だ。なお、著作権がすでに切れている場合はこの限りではないので業者に頼んでも構わない。さらに、細かいことを言うと一冊の本でも「夏目漱石」の作品は著作権が切れているが、もし最近の人が書いた解説がついている場合、その部分は著作権が切れていない。本文中の写真や挿絵なども著作権者が別の場合が多い。また、表紙やカバーは、一般的に、デザイナーやイラストレーター、写真家、出版社などが著作権を所有している。

　私的使用のための複製についてもう1つ。スキャンしたPDFファイルを「個人的に又は家庭内その他これに準ずる限られた範囲内」を越える人に売ったり、あげたりしてはいけない。この点もよく理解しておく必要がある。

2 自炊の準備と流れ

2.1 自炊の覚悟

　自炊とは、本をドキュメント・スキャナーで読み取り、デジタルデータ（ここでは PDF）にすることである。

　ドキュメント・スキャナーは 1 ページずつ読み取るので、まず本をばらばらの紙の束にする必要がある。具体的には、本の綴じてあるところをばっさり切り落とすのだ。そして、自炊が完了したら、紙の本はリサイクルペーパーとして破棄することになる。

　この覚悟が肝心だ。本が好きで、たくさん本を読んでいる人ほど本には愛着があるだろうから、本を「裁断する」、「捨てる」ということにかなり抵抗を感じるに違いない。

　しかし、この山を越えられれば、光が見える。積み上げられた本はどんどん減っていき、どこへしまい込んだかわからない本もなくなる。旅行に何十

図 2.1　スキャン用に裁断した本

冊の本を持っていくこともできる。古い本は紙が劣化していくので、自炊は貴重な本を残す――デジタルアーカイブ――という意味にもなる。ちなみに、日本で書籍用の中性紙が普及しだしたのは1980年代なので、それより古い本の紙はすでに劣化してきている。1970年代の文庫本やマンガ本など紙質があまりよくない本の中には色が変色し、ちょっと力が加わると破れてしまうような本もある。

　この際、自炊する覚悟をきめて、

- そのまま取っておく本
- 自炊して破棄する本
- 捨てる本

に分けて、蔵書を整理するとよい。

2.2 自炊作業の流れ

自炊作業の流れは、次のようになる。

(1) 本を裁断するための準備
カバー、帯、中に挟まれているちらし、解説などを取り除く。
しおり紐がある場合は本の外に引き出しておく。
上製本（ハードカバー）の場合、厚紙の表紙、背を取り外す。

(2) 本を裁断する
本の本体を裁断する。
カバーをカットする（電子書籍の表紙として使用する）。

(3) 本をスキャンする
本の本体をスキャンし、PDF にしてパソコンに保存する。

(4) スキャン結果を確認する
ページの飛びやスキャンがきちんとできていないページがないかを確認。
スキャンを失敗しているものを再スキャンして、本の PDF を完成させる。

(5) カバーをスキャンする
カバーをスキャンして、本の本体の PDF の前後に追加し、1 冊の本の自炊が完成。

(6) 完成した PDF ファイルをパソコンから iPad などの電子書籍端末に転送する
完成した本の PDF ファイルを、電子書籍を閲覧する端末に転送する。
ここでは、パソコンと iPad をつないで PDF ファイルを iPad のブッククリーダー（電子書籍を読むためのアプリケーション・ソフトウェア）に読み込ませる。

2.3 準備するもの

(1) ドキュメント・スキャナー

　ドキュメント・スキャナーは、定番として富士通のScanSnap S1500をお勧めする。Windows用のS1500とMac用のS1500Mの2タイプがある。前者はシルバーと黒、後者は白とパールという色の違いがあるが、機械としては同じものだ。ただし、付属ソフトウェアが違うので、所有しているパソコンに合わせたものを選ぶのが基本である。自炊の作業の中で、PDFを編集するためにAcrobat（アクロバット）というソフトウェアが必要になる〔無償でダウンロードできるAdobe Reader（当初はAcrobat Readerという名称だった）ではPDFの編集はできないので注意〕のだが、S1500にはWindows用のAcrobat、S1500MにはMac用のAcrobatが付いている。すでにAcrobatあるいは、その他のPDFを編集するソフトウェアを持っていれば、S1500、S1500Mのいずれを選んでもよい。両機ともドライバ（パソコンでドキュメント・スキャナーを作動させるためのプログラム）は、Windows用とMac用の両方が付属している。

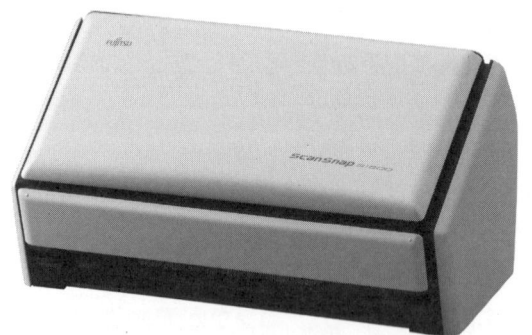

図2.2　ScanSnap S1500（写真：株式会社PFU）

　ドキュメント・スキャナーを手にいれたら、説明書に従って、ソフトウェアをパソコンにイントールする。自炊には「ドライバ」とPDF編集ソフト「Acrobat」をインストールすればよい。

（2）裁断機

　裁断機は、本を裁断する機械である。置き場所に困るくらい大きく、重たい。これを家のどこに置くのかがかなり悩ましい。十分スペースがある家ならば問題ないだろうが、自宅に裁断機を導入する前に自炊を何冊か試してみて、自炊をするんだという確証を得てからにした方がよいだろう。キンコーズなど店頭で裁断をやってくれる店もあるし、本を送ると裁断してくれるサービスを使う手もある。とはいっても大事な本のどこをカットされるかわからないので、最終的には裁断機を手にいれて、自分で裁断するのが自炊の本筋である。

　自炊用の裁断機として、PLUS　PK-513L が定番として挙げられていることが多いが、この裁断機は一度に厚さ 15mm までしか裁断できない。文庫や新書、雑誌を除けば 15mm を越える本は多く、PK-513L を使う場合は本を半分に分けて裁断しなければならないことも多くなる。本書では、やや切れ味が劣るものの 40mm まで裁断可能で価格の安い大型裁断機を推奨する。Amazon で「大型裁断機」と入力して検索すると出てくる 1 万円強の裁断機だ。ただし、あまり良質でない油が刃にたっぷり塗ってあり、最初ニオイもきつい。いらない雑誌などを何度か裁断して油を落とさないと、本

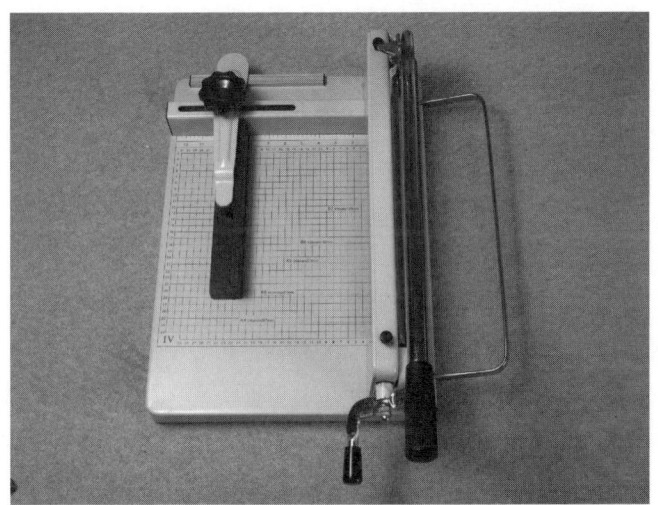

図2.3　大型裁断機

に油染みが付く。使い始めまで手がかかるが、最初の手入れをきちんとすれば、厚い本でも一気に裁断できて便利だ。

(3) パソコン

　使用するパソコンは、最近の機種であれば、Windows でも Mac でもよい。ただし、自炊本はデータの容量が大きいので、ハードディスクは 250GB（ギガバイト）以上のものを選択することをお勧めする。ノートパソコンの場合は、画面が 1280 × 800 以上のものがよいだろう。また、ドキュメント・スキャナーのソフトウェアをインストールするために DVD ドライブが必要になる。

　iPad を使う人は、iPad だけを持っていればよさそうなものだが、実は違う。iPad とは別にパソコンが必要だ。これはちょうど航空母艦とその飛行機のような関係になっている。パソコンは iPad のアプリケーションやデータのバックアップの役割をする。また、パソコン側のバックアップ内容と iPad の内容を同一状態にする「同期」という考え方で動くようになっている。同期を実現するためのソフトウェアが iTunes（アイチューン）というソフトウェアで、これは Mac 用、Windows パソコン用のいずれも無償で入手でき、無償で利用できるようになっている。

　なお、iPad では自炊した PDF ファイルは、パソコンの iTunes を使って転送操作をするという考え方になっている。iPad の記憶領域が iTunes を通して見えているという感じである。

(4) iPad（もしくは電子書籍端末）

　作った PDF ファイルは、PDF に対応しているパソコンやタブレット型コンピュータ、電子書籍端末、スマートフォンであればどれでも読むことができる。本書では自炊した電子書籍を読む端末として iPad を使用する。

　iPad には、WiFi（ワイファイ）モデルと WiFi+3G モデルの 2 種類がある。iPad が通信できる手段として WiFi、すなわち無線 LAN がある。3G は携帯電話の電波で通信できることを示している。携帯電話と同様な契約で、別途通信費用が毎月かかる。自炊した電子書籍を読む目的であれば WiFi モデル

でよい。

　フラッシュドライブの容量が16GB（ギガバイト）、32GB、64GBとある。これはiPadの中に記憶できるデータの容量を示している。予算が許せば大きい方がよい。

　自炊した本のデータ容量は、おおむね次のようである。文庫本や新書で50MB（メガバイト）前後、ハードカバーの300ページ程度の本で50MB、400ページ前後の本で100MB、A4版カラーの図版入り150ページ程度の本で100MBぐらい。図版や写真が多いとサイズは大きくなる。

　1GBは1000MBと考えればよく、1GBあたり、文庫や新書で20冊、ハードカバーの本で10冊が目安。したがって16GBモデルでは文庫や新書で320冊、ハードカバーの本で160冊というあたりである。もちろん原本はパソコンに保存しておき、必要な本のみiPadに入れるという使い方もできる。

●インターネットと無線LAN環境
　iPadはインターネットと無線LANがあることを前提にデザインされているので、これらが使えるようになっていないと、事実上使いものにならない。

　インターネットの契約を業者とすると、光ファイバー、CATV（ケーブルテレビ）、電話線（ADSL）などの回線を家まで引いてきて、モデムという装置までを用意してくれる。モデムに無線ルーターという装置をつければ、無線LANが使えるようになる。

　無線LAN（WiFi）には技術の進展とともにいくつかの方式が開発され802.11という規格の番号のうしろにa, b, g, nというアルファベットでタイプを区別するようになっている。iPadはいずれにも対応している。bは一番古く通信速度も一番遅い。nが新しい規格で通信速度は速い。最近の無線ルータはbgnのように複数のタイプを兼用して使えるのでよく売れている製品を使えば間違いない。

　インターネット設置手続きや無線LANの設置については、大手の家電量販店などで相談すれば対応してくれる。

（5）カバー加工用のカッターなど

　電子書籍の表紙にカバーを利用する。カバーを読み取りサイズに加工するのに、カッター、カッターマット、定規を使うのがよい。

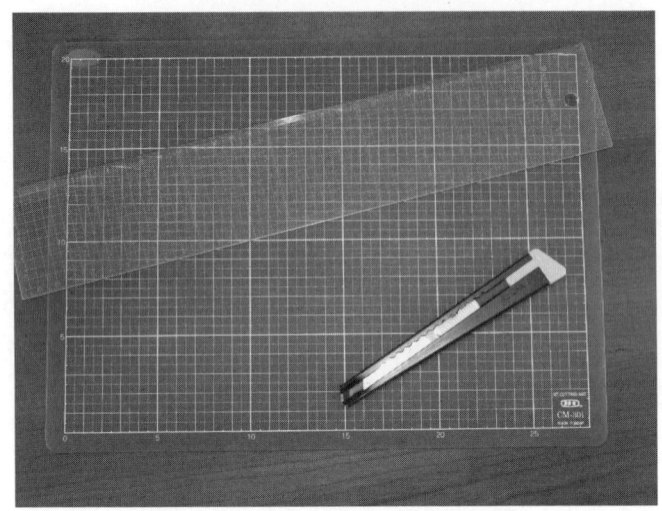

図2.4　カッター、カッターマット、定規

3 自炊の方法

3.1 本の裁断

3.1.1 本を裁断する前に

それでは、実際に自炊してみよう。まず最初に本を裁断する。

裁断機は場所を食うので、裁断機を買う前に、カッターナイフを使って本をカットして、1冊自炊してみることをお勧めする。あまり分厚くない、文庫か新書が扱いやすい。それも比較的新しいもので、もし失敗しても比較的安価に買うことができる本で試すのがよい。なお本書の巻末の「付録 自炊ワークブック」に、読み取り用のサンプルを掲載しているので、まず最初にスキャンの具合や自分の電子書籍端末でどのように表示されるか試してみるのに切り取って利用してほしい。また、本書そのものを自炊のテストや練習に利用してもらうのもよいだろう。（本書の表紙には、裁断の目安となる切り落とし用の線を入れてある。）

3.1.2 本の裁断

まず帯やカバーは外す。しおりなど本に挟まれているものは全部取り出す。
カッターの古い刃は折って、新しい刃を出しておく。カッターマットの上に本を置き、本の背（綴じてある側）から3〜5mmくらいのところに定規をあて、カッターで本を切っていく。このときあまり力をいれるとカッターが滑って怪我をするので十分に注意する。

ある程度切り進んだら、カットされたページを外して、さらに切り進む。綴じてある背の部分が絶壁のようになってきたら、定規をあてなくても、それに沿ってカットしていくことができる。

全部カットし終えたら、本の表紙、裏表紙、白紙などは取り去り、残りの

3 自炊の方法

本体をきれいに揃える。

裁断機を導入した場合の裁断方法については、4.1、4.2 を参照してほしい。

図 3.1　カッターで本を裁断する

図 3.2　カッターで切り進めていく（背が絶壁のようになっているのがわかる）

3.2 スキャナーの設定をする

　読みやすく美しい電子書籍を自炊するには、ドキュメント・スキャナー ScanSnap S1500（以下 ScanSnap）の設定が重要になる。ここからの説明は Windows7 パソコンを使った例で説明する。Mac の場合は操作が少し異なるが、設定自体は同様に設定すればよい。

　まず、ScanSnap を使用する前に、製品付属のスタートアップガイドに従って、スキャナードライバ（ScanSnap Manager）とソフトウェアをインストールする。なお、ScanSnap Manager は必ずインストールする必要がある。

　ScanSnap Manager をインストールすると、画面一番下の Windows のタスクバーの右側に「ScanSnap Manager」のアイコン（丸印にSの青いマーク）が表示される[※)]。Windows7 の場合は、タスクバー右側にある三角印をクリックすると表示されるメニューの中に ScanSnap Manager のアイコンが表示される。このアイコンをタスクバーにドラッグ＆ドロップすると ScanSnap Manager のアイコンを常に表示させることができる。

Windows XP / Vista　　　　　Windows 7

図 3.3　ScanSnap Manager のアイコン。Windows XP / Vista（左）と Windows 7（右）

※）ScanSnap の蓋や原稿受けが閉まっているときなど、ScanSnap のアイコンが赤丸に斜線が入った表示になっていることがある。この場合でも ScanSnap の設定をすることはできる。

ScanSnap Manager のアイコンを右クリックすると、ScanSnap のメニュー画面が現れるので「Scan ボタンの設定」を選択してクリックする。

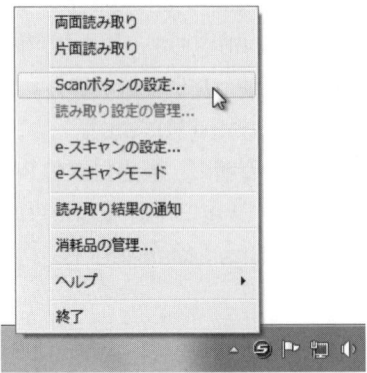

図 3.4　ScanSnap のメニュー画面

ScanSnap Manager が起動する。

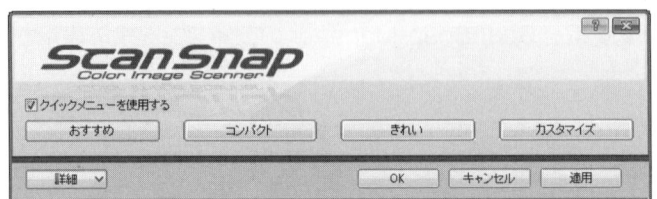

図 3.5　ScanSnap Manager が起動する

起動時は ScanSnap のクイックメニューが有効になっているが、自炊本に適した設定に変更するので「クイックメニューを使用する」のチェックを外す。

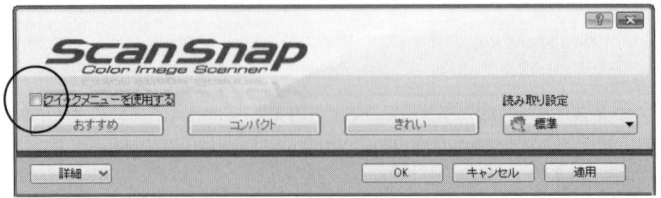

図 3.6　クイックメニューのチェックを外す

画面左下の「詳細」ボタンをクリックすると、設定パネルの中央やや上に見出しタブが6つ現れ、各見出しタブに書かれている機能の設定ができる。

図3.7　詳細メニューが表示される

自炊の作業では「読み取りモード」の設定は作業の工程に応じて頻繁に変更することになるが、他の項目は一度設定すればよい。

■アプリ選択
〈アプリケーションの選択〉は、読み取り後のアプリケーションを設定する。ここでは「指定したフォルダに保存」を選択する。

図 3.8 〈アプリケーションの選択〉は「指定したフォルダに保存」

　もし他の項目が表示されていたならば、選択候補欄の右端の小さい下三角印（▼）にマウスを合わせクリックすると選択候補が現れるので、「指定したフォルダに保存」を選択してクリックする。

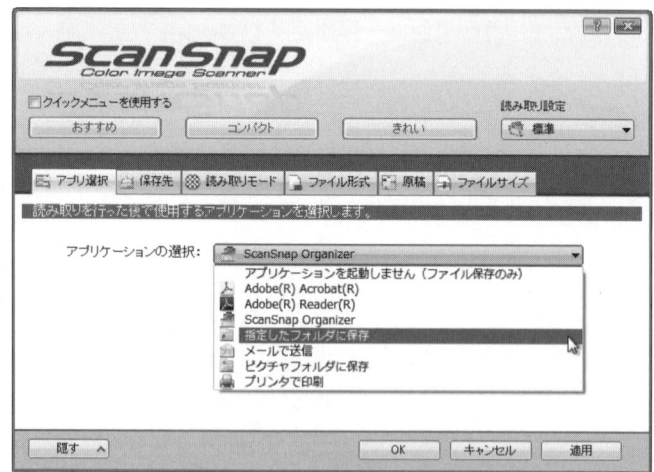

図 3.9　下三角印で選択候補が表示される

■保存先

〈イメージの保存先〉は、画像の一時的な保存先を指定するものなので、特に変更する必要はない。

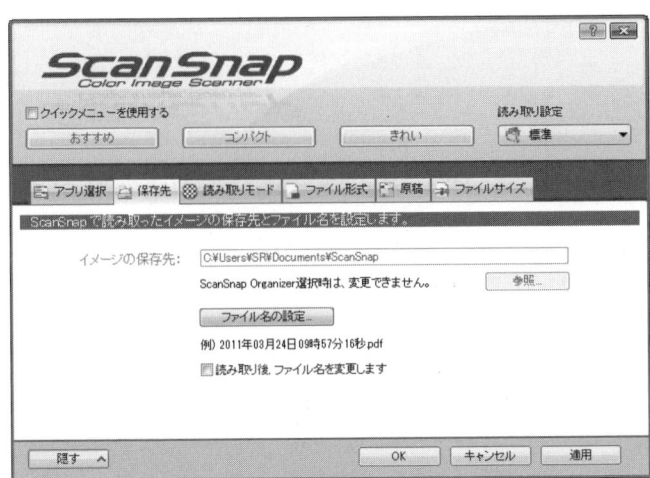

図3.10 〈イメージの保存先〉はそのままでOK

パネル中央にある「ファイル名の設定」ボタンをクリックすると「ファイル名の設定」パネルが開く。

ファイル名は、3種類の形式から選択する。スキャンした日付がファイル名になるyyyy年MM月dd日HH時mm分ss秒、yyyyMMddHHmmss（西暦年、月、日、時分秒を表す数字14桁）そして、自分で名前を指定する形式から任意に選ぶとよい。

ここでは「自分で名前を付けます」を選択する。この場合ファイル名は、任意の文字列＋連番（0～6桁）となるので、任意の文字列部分は本のタイトルなどわかりやすいものにするとよいだろう。このとき、先頭文字列の末尾に"-"（ハイフン）や"_"（アンダーバー）をつけておくと、連番との区切りがわかりやすくなる。

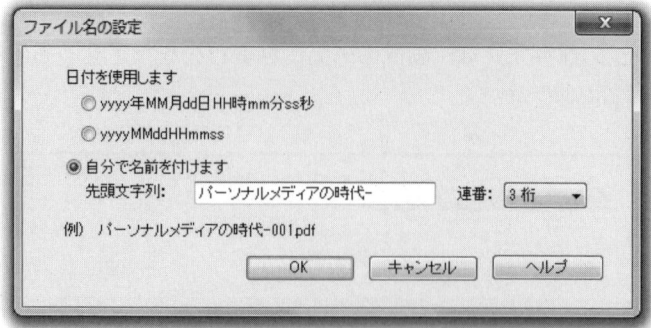

図 3.11　ファイル名を設定する

「OK」ボタンをクリックすると、ScanSnap Manager の画面に戻る。

図 3.12　ScanSnap Manager の画面に戻る

■読み取りモード

「読み取りモード」では、読み取りの細かさ（精度）、白黒／カラーの選択、両面読み取り／片面読み取りの選択などを設定する。本文はモノクロで、カバーや口絵がカラーという典型的な書籍の場合、本文を「グレー」、カバーや口絵を「カラー」で別々にスキャンして、あとで個々の PDF ファイルを合成して 1 冊の電子本に仕上げる。

●モノクロの本文

〈画質の選択〉は「スーパーファイン」。〈カラーモードの選択〉は、「グレー」にする。

「グレー」は白から黒までの何段階かの階調をグレースケールでそのまま表現でき、拡大してもきれいに見える。ただし、電子書籍として読むときに文字の色の濃さがやや薄く見える。文字のみの原稿で、はっきり見せたいときは〈カラーモードの選択〉の「白黒」を選んでもよいだろう。「白黒」では原稿のグレー部分でも「白」と「黒」のどちらかにする。そのため拡大したときに文字が欠けてみえることもある。まずは、本書付録のスキャン用サンプルでいろいろな設定を試してみて、好みの設定を見つけてほしい。

〈読み取り面の選択〉は、「両面読み取り」を選択する。また、「継続読み取りを有効にします」にチェックを入れる。スキャナーに一度にセットできる枚数が限られているので、本全体を何回かに分けてスキャンすることになる。「継続読み取りを有効にします」にチェックを入れていると、本を分割してスキャンした場合でも、それぞれをつなげて1つのPDFファイルにまとめてくれる。

図3.13 本文がモノクロの場合の読み取りモード設定

続いて右下の「オプション」ボタンをクリックすると「読み取りモードオプション」のパネルが現れる。

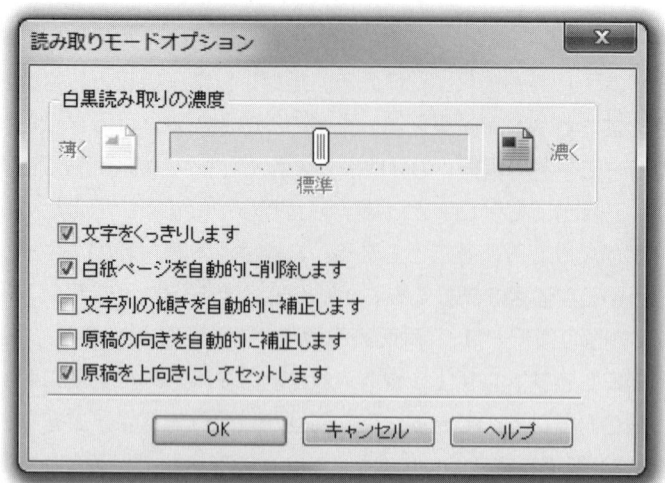

図 3.14 「読み取りモードオプション」を設定する

スキャンする原稿によるが、好みで「文字をくっきりします」にチェックを入れるとよい。

「白紙ページを自動的に削除します」にチェックを入れると、白紙ページは飛ばしてファイルが作られる。小説のような文字だけの書籍の場合、1画面に1ページを表示させるほうが読みやすい。したがって白紙ページを自動的に削除する設定をお勧めする。

ただし白紙ページを削除すると、本を見開き表示にした場合、ページがずれていってしまう。見開き表示を利用したい場合や、見開きのレイアウトが使われている書籍の場合は、チェックを入れないようにする。

「文字列の傾きを自動的に補正します」は、読み取りのときに原稿が多少斜めに読みこまれても文字をまっすぐに揃えてくれる機能だ。しかし、挿絵が入っていたり、文字が1ページの一部分に固まっていたりすると、勘違いをして変な角度に曲げてしまうことがある。したがって、通常は文字の傾きの補正にはチェックを入れない方がよい。

「原稿の向きを自動的に補正します」は、原稿の縦横を検知して文字の向きが揃うように90度回転させる機能だが、これも勘違いをすることがあり、自炊のときはこの機能を作動させる必要はないのでチェックを入れなくてよい。

「原稿を上向きにセットします」は、Windows用のみにある項目だ。

たとえば、100ページの本を4回に分けてスキャンする場合、最初の1ページから25ページの原稿を1ページ目が一番前に見えるように上向きにしてScanSnapにセットすると、一番後ろにある25ページからスキャンを行う。「継続読み取りを有効にします」が有効になっていれば、スキャン完了後に1ページ目が先頭になるように自動的に並び替えを行うので、26ページ以降も同様に上向きにセットしてスキャンしてもページの順番が狂うことはない。

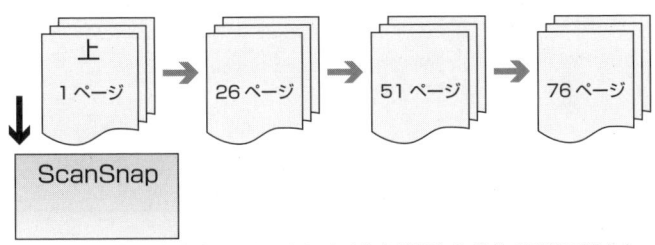

図3.15 「原稿を上向きにセットします」を選択した場合の原稿の置き方

「原稿を上向きにセットします」のチェックを外した場合は、原稿を下向きにし、束となっている最後のページ（最後の紙の裏側）を手前側にして、セットしてスキャンする。原稿を上向きにセットしたときに対して、原稿をひっくり返し上下を逆にした形になる。

オプションの設定が完了したら、「OK」ボタンをクリックしてScanSnap Managerの画面に戻る。

● 2色刷りやカラーの本文

原稿に色がついていたら、2色でもフルカラーでも〈カラーモードの選択〉で「カラー」を選択する。これが原則だ。モノクロの本でも口絵や途中にカラーのページがある場合は、その部分は個別に「カラー」でスキャンし、あとで

本文に挿入する。

〈カラーモードの選択〉を「自動」に設定すると、カラーかモノクロかは機械が判断するため、薄い色のカラーページをモノクロで読み取ったり、逆にモノクロページをカラーで読み取ってしまうことがある。

その他の設定は、オプションも含め、モノクロの本文と同様でよい。

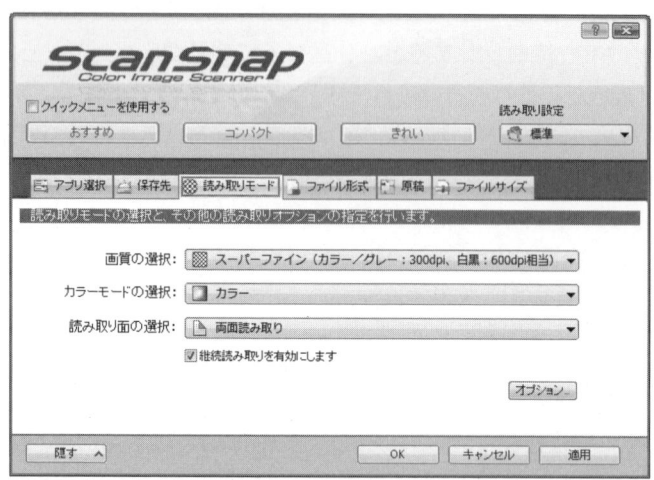

図 3.16　本文が 2 色刷りかカラーの場合の「読み取りモード」設定

●カバー

〈カラーモードの選択〉で「カラー」を選択する。カバーは裏面に印刷されていることはあまりないので、〈読み取り面の選択〉は「片面読み取り」を選択する。「継続読み取りを有効にします」のチェックは、カバーとカバーの袖（カバーの折り返し部分）や本文を続けてスキャンする場合、カバーのみをまとめてスキャンする場合など作業手順にもよるので臨機応変にチェックを入れるとよい。

3.2 スキャナーの設定をする

図3.17　カバーの「読み取りモード」の設定

■ファイル形式

〈ファイル形式の選択〉は「PDF」を選択する。

オプションとして〈テキスト認識の選択〉が設定できる。「検索可能なPDFにします」にチェックを入れると、スキャナーで読み取り画像となった文字をOCR機能でテキスト認識させることができる。しかし処理時間が膨

図3.18　「ファイル形式」は「PDF」を選択

大にかかってしまう。自炊した本を読むだけであれば検索可能な PDF にする必要はないが、先頭ページのみ文字認識させておくと後日 PDF を検索したいときに便利である。この場合〈テキスト認識オプション〉の〈対象言語〉は「日本語」を選択し、〈対象ページ〉は「先頭ページのみ」をチェックする。

　なお、あとから Acrobat や ScanSnap Organizer を使って全文を検索用の文字認識処理することもできるので、「検索可能な PDF にします」にチェックを入れなくてもよい。

■原稿

　〈原稿サイズの選択〉は「サイズ自動検出」、〈マルチフィード検出〉は「重なりで検出（超音波）」を選択する。〈マルチフィード検出〉を設定しておくと、重送（2 枚以上の原稿が重なってシートフィーダに送られてしまうこと）が起こったときに読み取りを中断してエラーメッセージを表示してくれるので、スキャンのときのページ抜けを防ぐことができる。

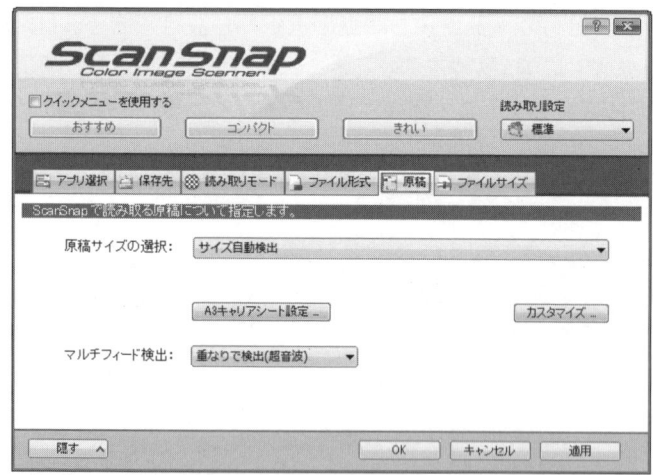

図 3.19　〈原稿サイズ〉は「自動検出」、〈マルチフィールド検出〉は「重なりで検出」を設定

■ファイルサイズ

「ファイルサイズ」では、ファイルの圧縮率を指定する。圧縮の度合いが強いほどファイルサイズは小さくなるが、画質も粗くなる。ここでは標準の3のままでよい。

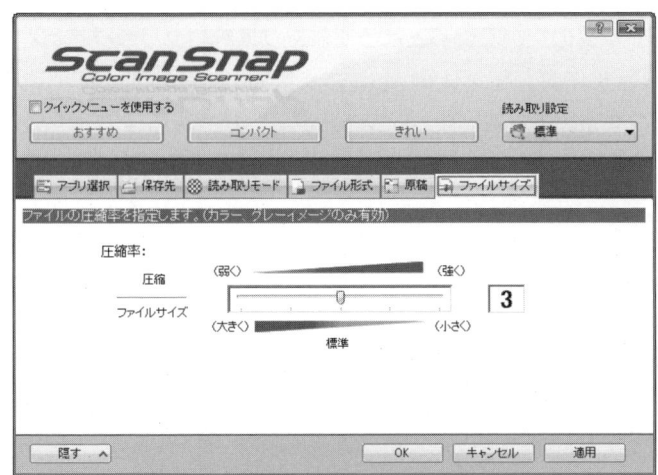

図 3.20 「ファイルサイズ」の設定は「3」

すべての設定が完了したら「OK」をクリックして、ScanSnap Managerを終了する。

3.3 本をスキャン

3.3.1 本文のスキャン

スキャンの前に、スキャンした PDF を一時保存するフォルダーを作る。

デスクトップの空いているところで、マウスを右クリックするとメニューが開く。「新規作成」をクリックし、さらに開いたメニューで「フォルダー」をクリックする。これで「新しいフォルダー」ができる。

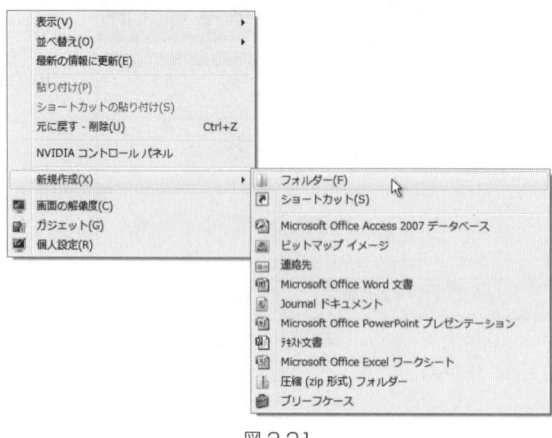

図 3.21
「新規作成」のサブメニューから「フォルダー」を選択

図 3.22
新しいフォルダーが作成される

フォルダーの名前の部分が選択されている状態でキーボードから入力をし、フォルダーの名前をたとえば「書籍一時保存」に変えておく。

図 3.23　フォルダーの名前を設定

パソコンと ScanSnap を USB ケーブルで接続する。そして、切り出した本の先頭から 5mm 程度の厚さを取り出し、ページをさばいて（紙と紙の間に空気を入れて）、きれいに揃えて、ScanSnap にセットする。

このときに糊ではりついてしまっているページがないかを十分にチェックしてからセットすると重送などのトラブルを防ぐことができる。

読み取りモードで「原稿を上向きにセットします」に設定してある場合も、読み取り後に自動的に順番を直してくれるので、先頭から適当な厚み (5mm 程度) で取ったページ分を図 3.24 のようにそのまま上向きでページの若い方を手前にセットすればよい。

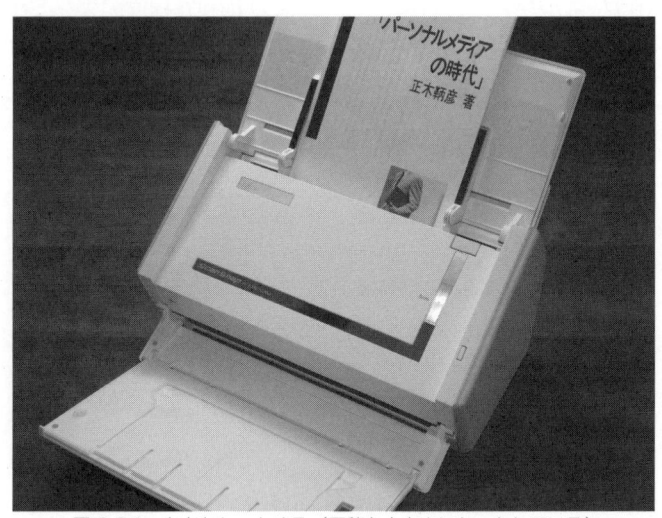

図 3.24　本文をセットする（原稿を上向きにセットしている）

ScanSnap の本体の Scan ボタンを押すと、読み取りを開始する。

3 自炊の方法

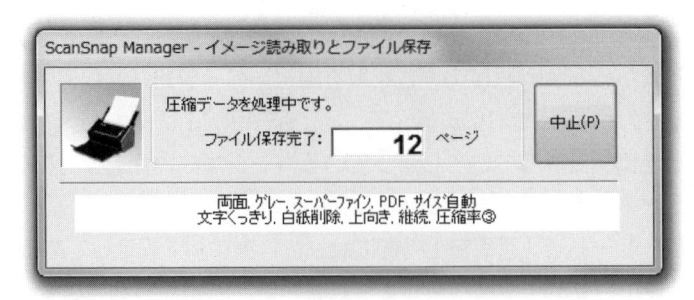

図 3.25 読み取り中のパネル

　セットしたページの読み取りが全部終了すると「読み取りが終了しました。」というパネルが表示されるので、続きの 5mm 程度の束を ScanSnap にセットしてからパネル左下の「継続読み取り」ボタンをクリックする。
　なお、「継続読み取り」ボタンをクリックする代わりに、ScanSnap 本体の Scan ボタンを押してもよい。

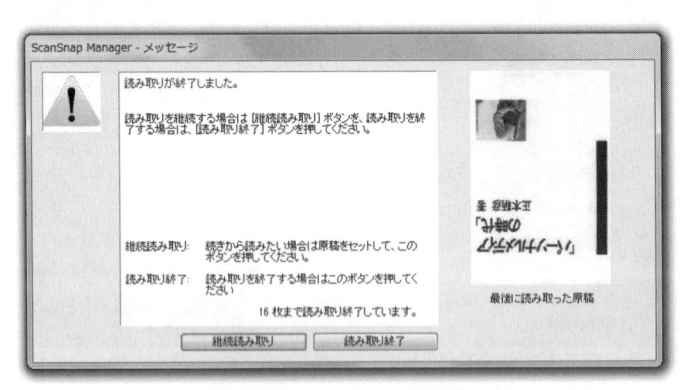

図 3.26 続きの原稿をセットして、「継続読み取り」を行う

　この操作を繰り返し、本文の読み取りがすべて終わったら、「読み取りが終了しました。」というパネルの右下の「読み取り終了」ボタンをクリックする。

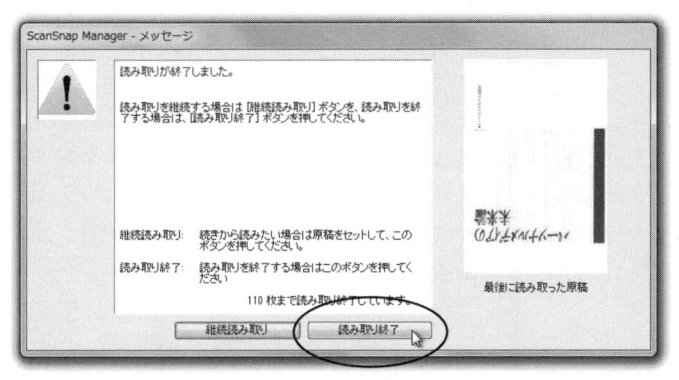

図 3.27　読み取りが終了したら「読み取り終了」ボタンをクリックする

「指定したフォルダに保存」というパネルが出るので、保存先フォルダーを確認する。

図 3.28　「参照」ボタンをクリックして保存場所を設定する

はじめて ScanSnap を使用したときには、保存する場所を指定する必要がある。開いているパネルの「参照」ボタンをクリックして、保存する場所を設定する。ここでは、先ほど作成した、デスクトップ上の「書籍一時保存」

フォルダーを選択して保存する。

図 3.29　作成してあった「書籍一時保存」フォルダーを選択

以降は、前回設定した場所が表示される。

図 3.30　「保存」ボタンをクリック

「ファイルの保存が正常に終了しました。」というパネルが出たら「OK」ボタンをクリックする。これで本の本体の自炊は完了だ。

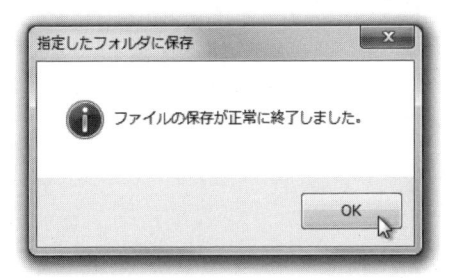

図 3.31 「ファイルの保存が正常に終了しました。」と表示されたら「OK」をクリックする

3.3.2 スキャンが途中で止まったり、紙が皺くちゃになった場合の対処

本体のスキャンの途中でスキャナーが止まってしまうことがある。
おもな原因としては

・2枚以上のページが重なって送られる（重送）
・紙が皺くちゃになって送られる（ジャム）

がある。
このような場合、「重なりを検出しました。」「原稿ジャムが発生しました。」などのエラーメッセージが表示されて、スキャンが停止する。

重送、ジャムなど、紙詰まりを起こして停止したときも慌てなくてよい。まず、スキャナーのカバーオープンレバーを引いてスキャナーを開き、給紙側の紙を取り出す。このとき紙の順番が入れ替わらないように注意することが重要だ。そのあとカバーをしっかり閉じる。

紙が折れたり、皺くちゃになっていなければ、給紙側の残りのページと合わせ、紙をもう一度よくさばき、揃えてセットする。もし、紙が折れたり、

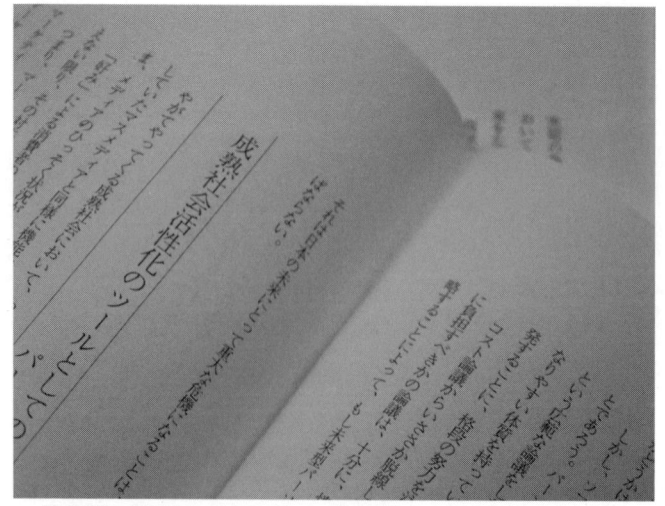

図 3.32　糊でくっついている。一部分のみくっついていることもある

皺になっていた場合には、折れや皺を伸ばし、紙が 2 枚くっついてしまっていたらはがしてから、残りのページと合わせて揃えてさばいてから再びセットする。そして、Scan ボタンを押してスキャンを継続する。

なお、紙が破れてしまった場合などは、Scan できなかったページを取り除いてスキャン作業を進めて、紙を補修したあとでそのページを改めてスキャンしてファイルを編集してもかまわない。

また、スキャンを途中で終了して PDF ファイルを作り、続きを別の PDF ファイルにしてあとでファイルをつなげることもできる。

紙が破れてしまった場合は、テープを使って補修する。テープは 3M Scotch「メンディングテープ (810)」か「はってはがせるテープ (811)」を使うとよい。なかでも、糊の弱い「はってはがせるテープ」がお勧めである。テープで補修ができそうにもないくらいに破れていたり、古い本で紙が破れやすくなっている場合は、コピー機でコピーを作り、それをスキャンする。具体的には、「はってはがせるテープ」を部分的に張って、カラーコピーの「グレースケール」（カラーページなら「カラー」）でコピーし、本のサイズに切り取り、それをスキャンする。両面コピーにしなくとも片面コピーをスキャンしても「白紙ページを自動的に削除します」の設定にしてあれば、白紙側は自動的に取り除かれる。

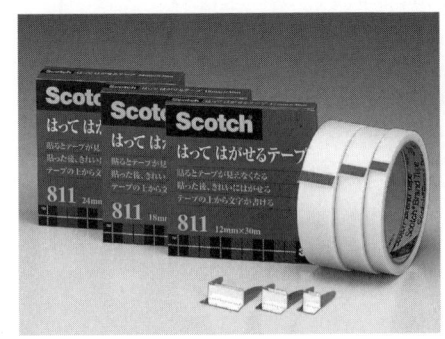

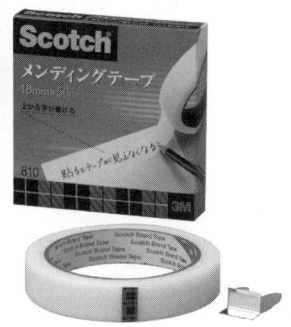

図 3.33　Scotch はってはがせるテープ 811（左）と Scotch メンディングテープ 810（右）
（写真：住友スリーエム株式会社）

3 自炊の方法

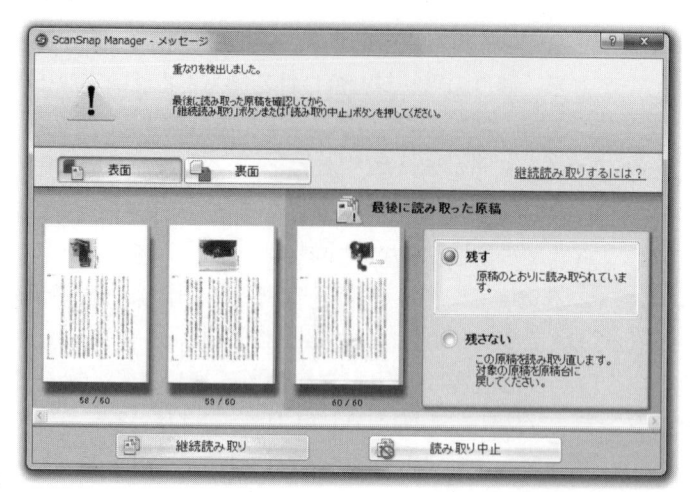

図 3.34 重なりを検出したときのエラーメッセージ

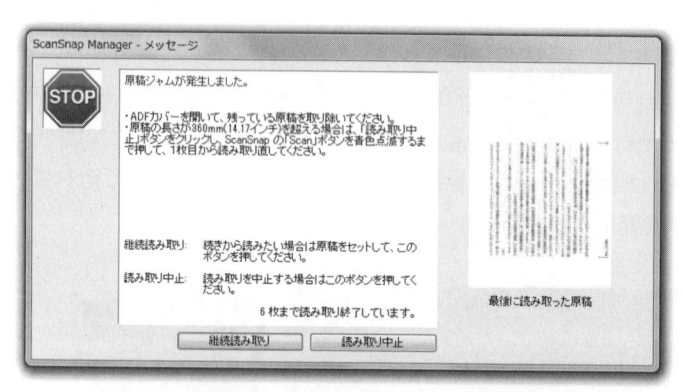

図 3.35 原稿ジャムが発生したときのエラーメッセージ

3.3.3 スキャンの確認と PDF の編集

　正しくスキャンされているか、スキャン漏れのページがないか、再スキャンしたときに同じページが重複していないかなどを確認する。この工程は非常に重要である。本を処分してしまった後に、スキャン漏れがあってページが飛んでいたとわかっても対処のしようがないからだ。
　作成した本の PDF が保存されている「書籍一時保存」のフォルダーを開く。

図 3.36　「書籍一時保存」のフォルダーを開く

　ファイル名が読みづらかったりする場合は、ファイルの表示を「大アイコン」に変更するとよいだろう。具体的には、上図のように「その他のオプション」の下三角印（▼）をクリックし、メニューの中の「大アイコン」をクリッ

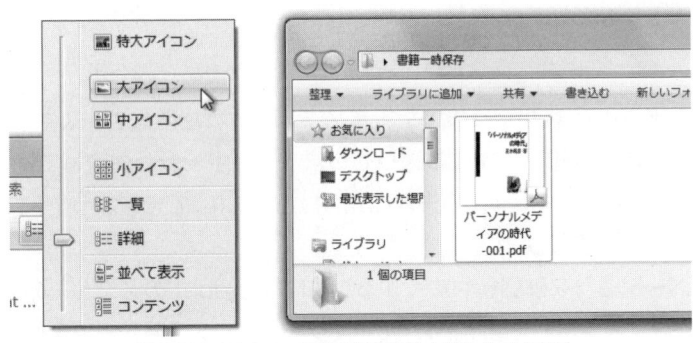

図 3.37　アイコンの表示を変えると読みやすくなる

クする。大アイコンにすると、小さくではあるが、本のイメージがアイコンとして表示される。

PDF の編集作業には、Acrobat というソフトウェアを使用する。

まずスキャンした PDF のアイコン上（ここでは「パーソナルメディアの時代 -001.pdf」を選択した状態）で右クリックし、メニューの「Acrobatで開く」を選択する。もしくは、メニューの「プログラムから開く」をクリックし、リストの中から Acrobat を選択してファイルを開く。Acrobat のアイコンがデスクトップ上にあれば、PDF のアイコンをドラッグ（マウスの左ボタンを押したまま移動し、目的のところで放す）すると Acrobat で PDF ファイルを開くことができる。

もし PDF ファイルを読み取り専用の Adobe Reader で開いてしまった場合は編集することができないため、いったん Adobe Reader を終了してから、あらためて Acrobat で開き直す。

図 3.38　PDF ファイルを Acrobat で開く

糊がしみこみ 2 枚がくっついたままスキャンされた場合や、スキャナーが 1 枚ずつうまく分離できずに重送してしまってスキャンが失敗している場合がある。このようなスキャンの失敗を見つけるために、できあがった PDF ファイルのページを確認していく。

本のページ番号を確認しやすくするために、Acrobat のメニューの「表示」「ズーム」「全体表示」を選ぶ。あるいは、ツールバーの「1 ページ全体を表示」のアイコンをクリックしてもよい。

パソコンの画面が小さい場合や「全体表示」ではページ番号が読みづらい場合には、メニューの「表示」「表示を回転」「左90°回転」を選ぶかツールバーの「左90°回転」のアイコンをクリックすると、本が横向きになりほぼ画面いっぱいに表示される。ページ番号のチェックが終わったら、メニューの「表示」「表示を回転」「右90°回転」を選ぶかツールバーの「右90°回転」のアイコンをクリックすると元の向きに戻すことができる。

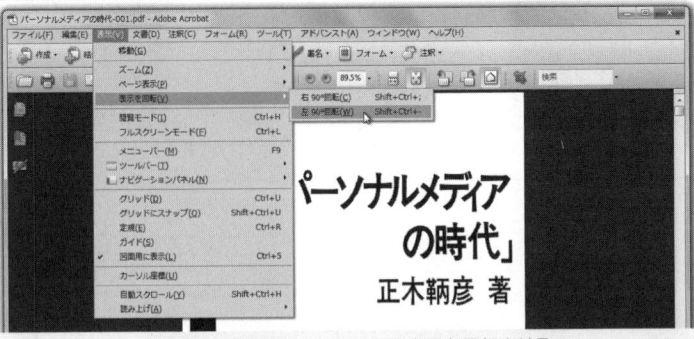

図3.39 「表示」メニューから表示を回転させる

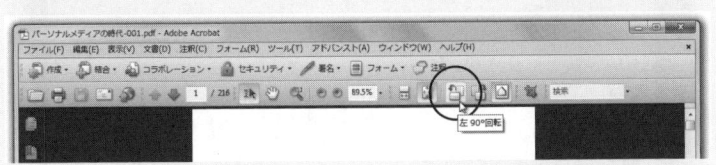

図3.40 ツールバーの「右90°回転」のアイコンで表示を回転させる

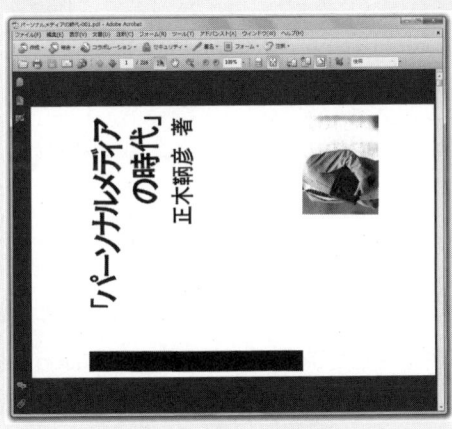

図3.41 90°回転した表示

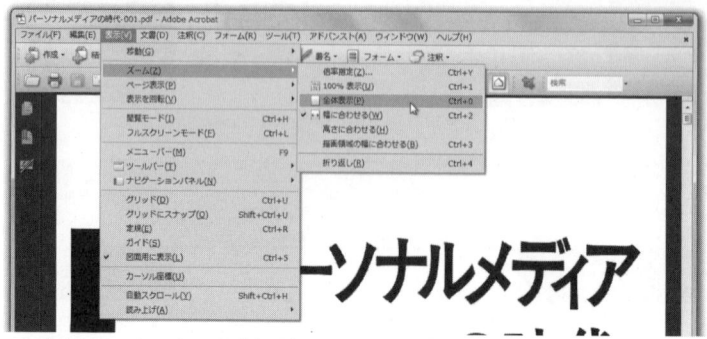

紙が2枚重なった状態でスキャンされた場合は、図3.36のような二重線が見られることが多い。

図3.42　2枚重なった状態でスキャンされた二重線が見える

図3.43　Acrobatの「表示」メニューから「ズーム」「全体表示」を選ぶ

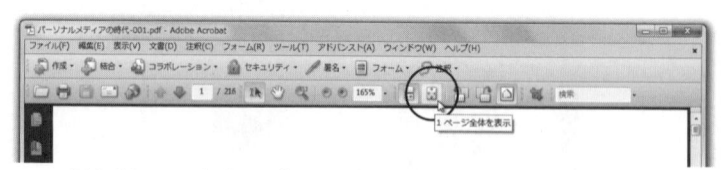

図3.44　ツールバーの「1ページ全体を表示」のアイコンをクリック

　ツールバーの下矢印のアイコン■かキーボードの下矢印キー（↓）を押すとページが進む。表示されているページ番号を見ながら、ページが飛んでいないか、重複していないか確認する。もし番号が飛んだと思ったら上矢印のアイコン■か上矢印キー（↑）で戻り確認する。ページオプションで「白紙ペー

ジを自動的に削除します」を設定した場合は、章の扉（章のタイトルページ）の前などでページが飛ぶことがある。スキャンした本を確認して番号が飛んでいるページが白紙であれば問題はない。

　スキャンできていないページは改めてスキャンし直すことになるので、まずは最後までスキャンの状態を確認する。その際、飛んでいるページや重複しているページを見つけたら、スキャンしたPDFのページと、本（スキャン原稿本体）のページをメモしておく。

　たとえば、本のページの223ページの次が226ページになっていたら、224ページと225ページがくっついていてスキャンできていないということなので、再度スキャンするときは「両面読み取り」で223、224、225、226の2枚4ページを読み取り、元のPDFの223、226ページと差し替える必要がある。また、スキャンしたPDFのページ数と実際の本のページ数がずれていることがあるので、再スキャンするページのメモには、スキャンしたPDFの該当ページの先頭と末尾、本の該当ページの先頭と末尾の情報を残しておく。また、再スキャンしたファイル名などをあとから入力できると便利である。ここではExcelを使ってメモを残しているが、手書

図3.45　スキャンをやり直すページをメモする。PDFのページと本のページは一致しないので、両方をメモする

きの場合は、「付録 4　スキャンチェックメモ」をコピーして活用してほしい。

　3.3.1 の手順で、読み飛ばしていたページをそれぞれスキャンし直す。読み取りが終了したら、「指定したフォルダに保存」のパネルで、ファイル名の連番の数字を「002」「003」…と変更してから保存する。この際、メモのファイル名の欄にもファイル名の番号を忘れずにメモしておく。

図 3.46　スキャンし直したページを保存する。連番の数字を変更

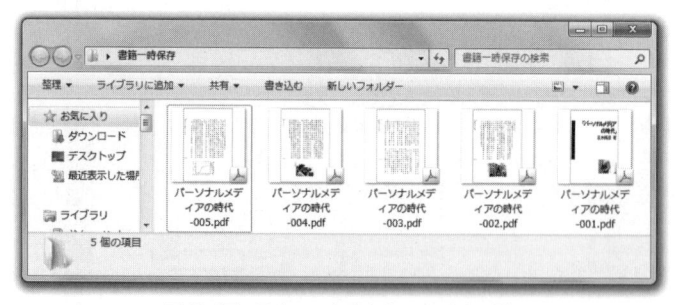

図 3.47　スキャンし直したファイル一覧

図 3.48 メモのファイル名欄にファイルの番号をメモしておく

　スキャンし直したページを挿入する作業は本の後方から進めていく。メモを残したページと修正後のファイルのページとのずれを防ぐためである。
　例として、本の 223 ページから 226 ページをスキャンし直したファイルに差し替える方法を説明する。
　まず、ツールバーの「ページ番号（ページナビゲーション）」欄に、スキャンした PDF のページ「213」（本の 223 ページに該当）を入力する。

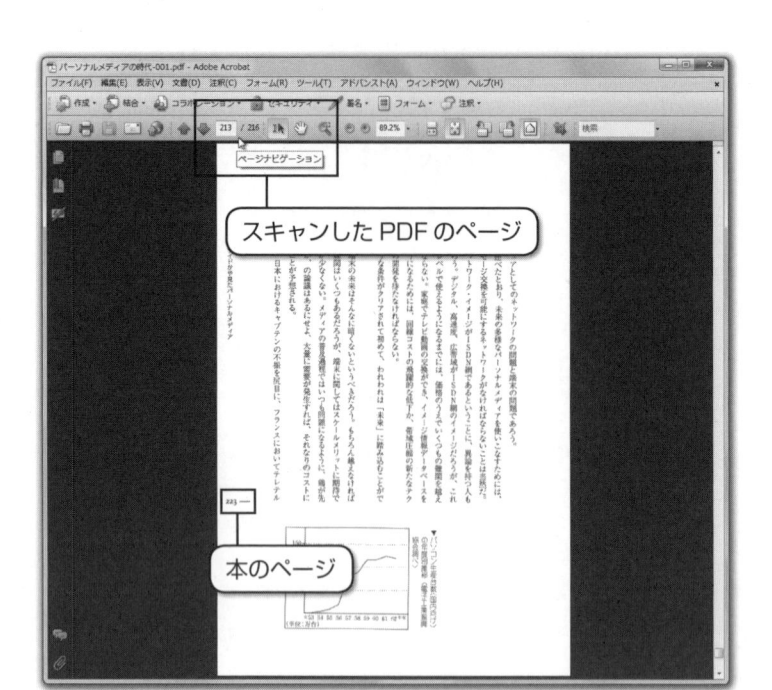

図 3.49　PDF のページを入力する

　スキャンした PDF の 213 ページが表示されたら、メニューの「文書」「ページの削除」を選ぶ。

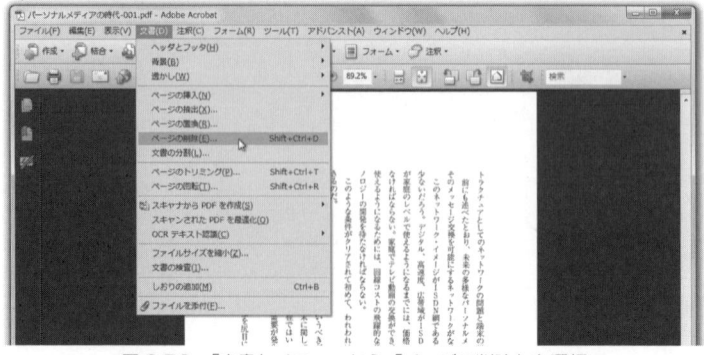

図 3.50　「文書」メニューから「ページの削除」を選択

「ページの削除」パネルが現れるので、〈開始ページ〉欄に「213」、〈終了ページ〉欄に「214」と入力し、「OK」ボタンをクリックする。

図 3.51　削除するページ番号を入力する

削除するページを確認するパネルが現れるので「はい」ボタンをクリックする。

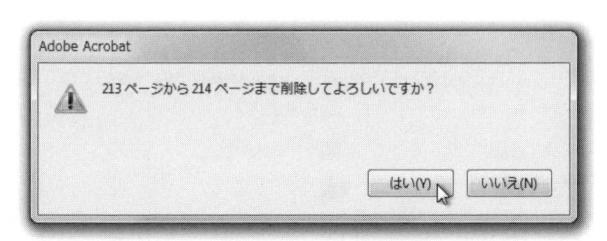

図 3.52　削除するページを確認するパネル

「ページ番号（ページナビゲーション）」欄にスキャンした PDF のページ数「212」を入力し、本の 222 ページの次が 227 ページになっていれば、正しく削除されている。

続いて、スキャンし直した 223 〜 226 ページを挿入する。

「ページ番号（ページナビゲーション）」欄にスキャンした PDF のページ数「212」を入力し、本の 222 ページが表示されていることを確認する。

メニューの「文書」「ページの挿入」「ファイル」を選ぶ。

3 自炊の方法

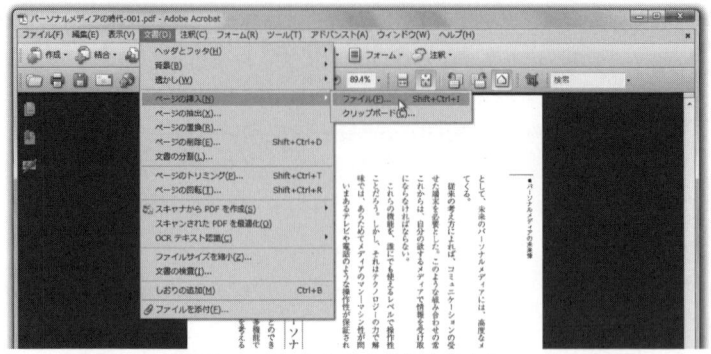

図 3.53 「文書」メニューから「ページの挿入」「ファイル」を選ぶ

　「挿入するファイルの選択」パネルが現れる。「書類一時保存」のフォルダーの内容を表示していない場合はパネル右側の「デスクトップ」をクリックしてから「書類一時保存」のフォルダーをクリックし、右下の「選択」ボタンをクリックする。

図 3.54 「書籍一時保存」フォルダーを選択

　「書籍一時保存」のフォルダーの内容が表示されるので、223 〜 226 ページをスキャンしたファイル「パーソナルメディアの時代 -005.pdf」を選んで、「選択」ボタンをクリックする。

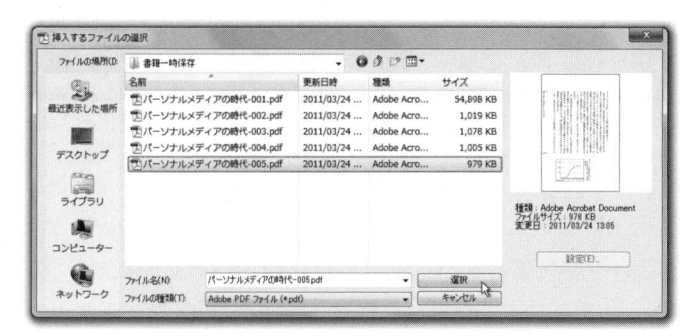

図 3.55　挿入するファイルを選択

「ページの挿入」パネルが現れるので、スキャンした PDF の 212 ページの後ろにスキャンし直したファイルが挿入されるように設定する。ここでは、〈場所〉欄は「後」に、〈ページ〉欄は「ページ」をチェックし「212」と入力して「OK」ボタンをクリックする。

前後を指定するときは、右端の小さい下三角印（▼）にマウスを合わせてクリックすると「前」「後」の候補が出てくる。

図 3.56　ページの挿入位置を指定

PDF の画面に戻ったら、「ページ番号（ページナビゲーション）」欄の総ページ数が増えているはずである。

図 3.57　作業後に総ページ数が増えている

差し替え作業前　　　　　差し替え作業後

　本の 222 ページと 227 ページの間に、223 〜 226 ページが正しく順番に並んでいるかを確認する。正しく差し替えられていたら、メニューの「ファイル」「上書き保存」を選び、編集している PDF を保存する。

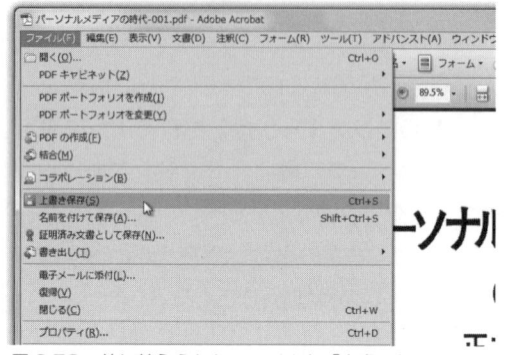

図 3.58　差し替えられたファイルを「上書き保存」する

　上書き保存をしておかないと、保存を忘れて終了してしまったり、万一 Acrobat がエラーで強制終了してしまった場合などにそれまでの編集内容が無効になってしまう。作業が順調に進んでいても、意識してこまめに保存することをお勧めする。
　同様に、「パーソナルメディアの時代 -004.pdf」から「パーソナルメディアの時代 -002.pdf」の順に差し替えの作業を進めていく。
　一冊の本全体について確認と補正の作業が終わったら、ファイルを上書き保存して Acrobat を終了する。
　この時点で、本文のファイル名を正式な名称に変更しておくとよい。たとえば、「パーソナルメディアの時代 -001.pdf」を「パーソナルメディアの時代 .pdf」に変更する。こうしておくと、作業中のファイルなのか、作業済み

のファイルなのか区別がしやすくなる。

　デスクトップにある「書籍一時保存」のフォルダーを開き、「パーソナルメディアの時代-001.pdf」のアイコンを選択した状態で右クリックし、メニューの「名前の変更」を選ぶ。ファイル名の色が反転するので、「-001」の文字列を削除し、「パーソナルメディアの時代.pdf」に変更する。

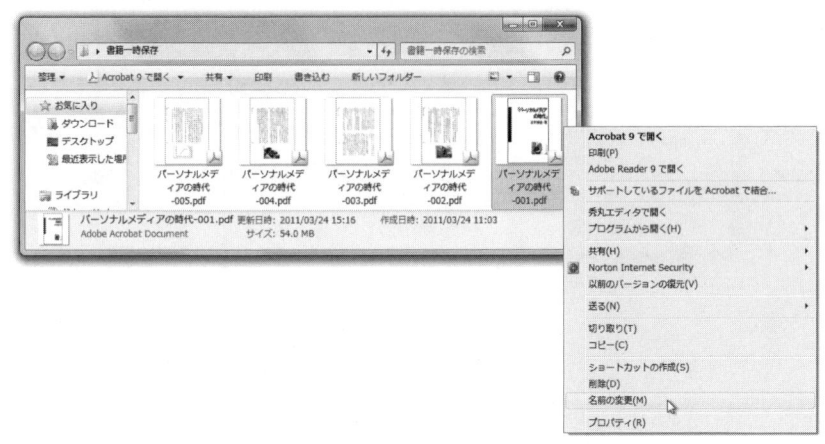

図3.59　右クリックのメニューから「名前の変更」を選択

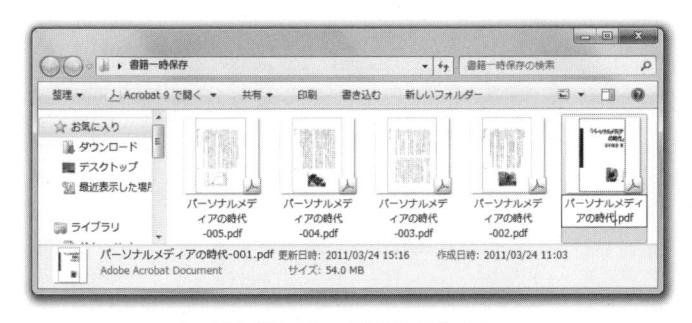

図3.60　ファイル名を変更する

　補正のために再スキャンしたファイルは、差し替えが完了したら削除してかまわない。削除するファイルのアイコンを選択した状態で右クリックし、メニューの「削除」を選ぶ。「このファイルをごみ箱に移動しますか？」と確

認するパネルが現れるので「はい」ボタンをクリックすると、フォルダーからファイルが削除される。

　ファイルのアイコンを選択した状態で「Delete」キーを押すか、アイコンをドラッグしてごみ箱にドロップしてもよい。

図 3.61　右クリックのメニューから「削除」を選択

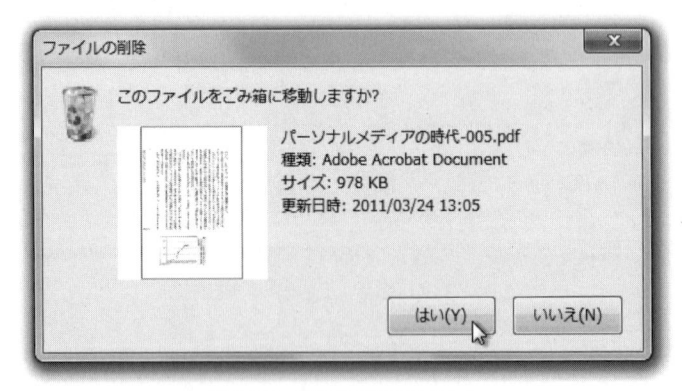

図 3.62　削除を確認するパネル

3.3.4 カバーをスキャン

次にカバーをスキャンする。カバーを開き、カッターナイフと定規を使って表紙、裏表紙を切り出す。切る位置は折り目を避け、折り目の少し内側で切ればよい。このようにして切り出すと本文の寸法より多少大きくなる。特にハードカバーの本は本文よりサイズが大きいがそのままでかまわない。カバーの袖（カバーの折り返し部分）にある著者紹介などを残しておきたい場合は、その部分も別に切り出す（図3.63）。

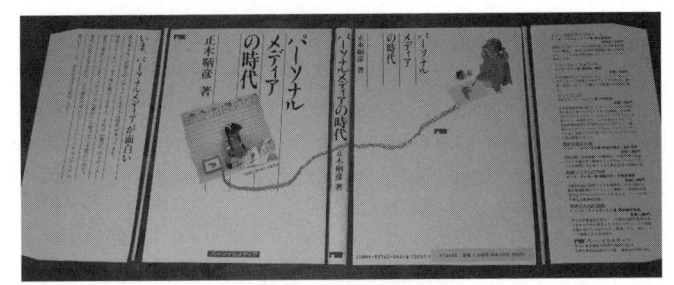

図3.63　カバーを切り出す

カバーをスキャンする場合、「読み取りモード」の設定は、〈カラーモードの選択〉は「カラー」、〈読み取り面の選択〉は「片面読み取り」にする。スキャンは、本の本体の前側につく表紙や表紙側の袖（折り返し）部分などと、本の後ろにつく裏表紙や裏表紙側の袖部分などの2つのファイルを作る。[※]

※）カバーの袖（折り返し）は表紙側、裏表紙側をまとめて裏表紙の後ろにしてもよい。

3 自炊の方法

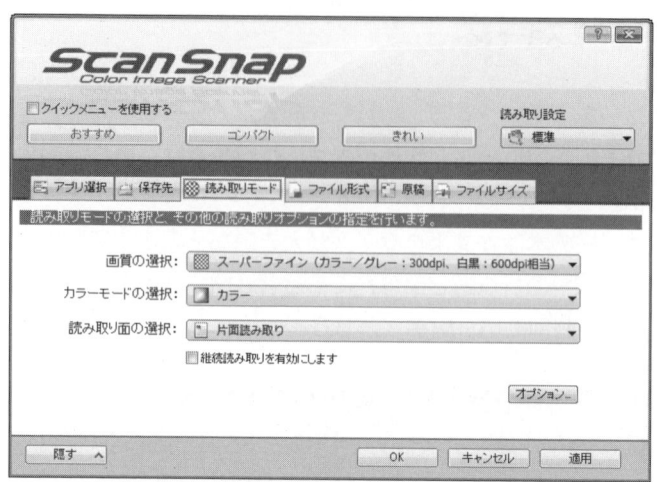

図3.64 カバーの「読み取りモード」を設定する

　表紙のカバーをスキャンすると「指定したフォルダに保存」というパネルが現れるので、ファイル名を「パーソナルメディアの時代 - 表紙」に変更して、「保存」ボタンをクリックする。同様に、裏表紙のカバーをスキャンしたら、ファイル名を「パーソナルメディアの時代 - 裏表紙」に変更して保存する。

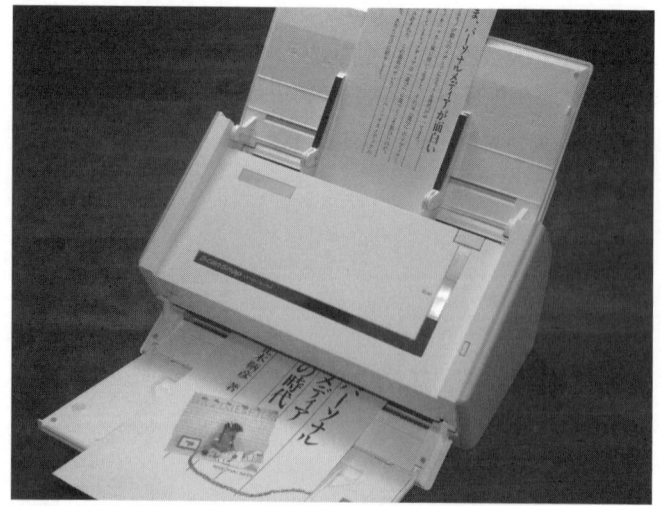

図3.65 カバーをスキャンする（カバーとカバーの袖を続けてスキャンしている）

図 3.66　ファイル名を入力して保存

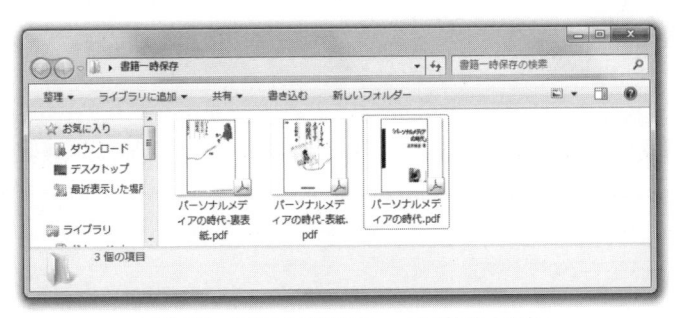

図 3.67　表紙と裏表紙のファイルが保存された

　カバーがない本は、本の表紙や裏表紙を同様に切り出す。ただし、スキャナーに通せないような分厚い表紙しかない場合や、きれいにデザインされている箱を表紙にしたいという場合は、それらをカラーコピー機でコピーし、コピーしたものをスキャンするとよい。[※]

※）別の方法としては、デジタルカメラで写真に撮り、JPEG（jpg）ファイルを PDF にする方法もある。写真を印刷する指定をし、「Adobe PDF」という名前のプリンターを選択して印刷すると、PDF ファイルに出力される。

3.3.5 カバーの表紙を挿入

まず、裏表紙側から挿入する。本体の PDF ファイルを Acrobat で開き、裏表紙のファイルを本体の一番後ろに挿入する。要領はもうおわかりだろうが、メニューの「文書」「ページの挿入」「ファイル」とクリックしていく。

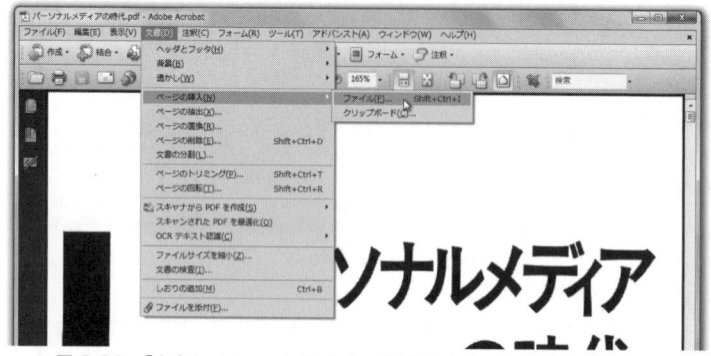

図 3.68 「文書」メニューから「ページの挿入」「ファイル」を選択する

裏表紙のファイルを選択する。「パーソナルメディアの時代 - 裏表紙 .pdf」を選び、「選択」ボタンをクリックする。

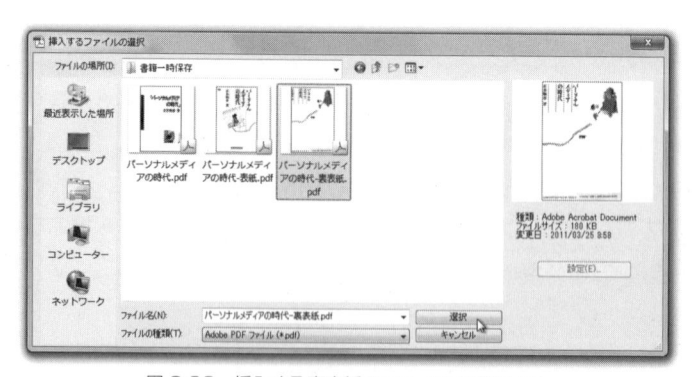

図 3.69 挿入する裏表紙のファイルを選択する

挿入する場所は本体のページの「最後」の「後」なので、〈場所〉欄は「後」、

〈ページ〉欄は「最終」を選ぶ。前後を指定するときは、右端の小さい下三角印（▼）にマウスを合わせクリックすると「前」「後」の候補が出てくる。「OK」ボタンをクリックすると本文の後ろに裏表紙が挿入される。

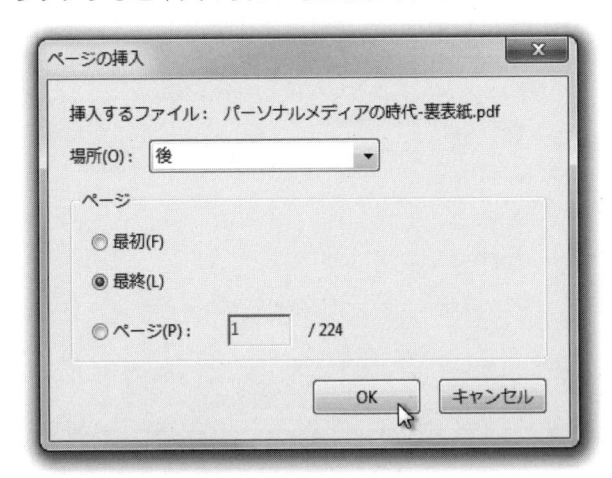

図 3.70　裏表紙は PDF の最終ページの後を選択する

続いて表紙も同様に挿入する。メニューの「文書」「ページの挿入」「ファイル」とクリックしていく。そして、挿入する表紙のファイルを選択する。「パーソナルメディアの時代 - 表紙 .pdf」を選び、「選択」ボタンをクリックする。

図 3.71　表紙ファイルを選択する

今度は本体の「最初」のページの「前」に挿入するので、〈場所〉欄は「前」、

〈ページ〉欄は「最初」を選ぶ。「OK」ボタンをクリックすると、本文の前に表紙が挿入されて、画面には表紙が表示される。

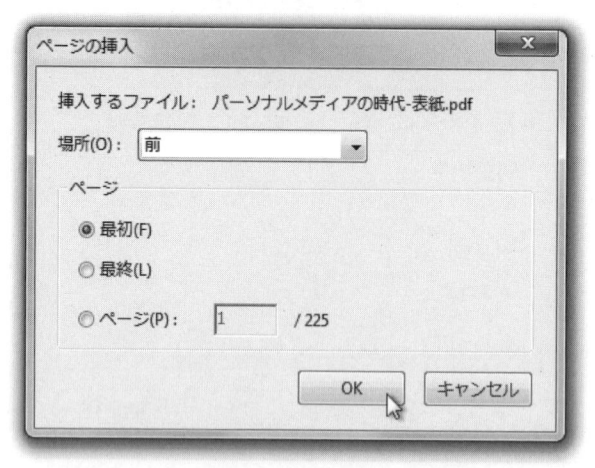

図 3.72　表紙は PDF の最初の前を選択する

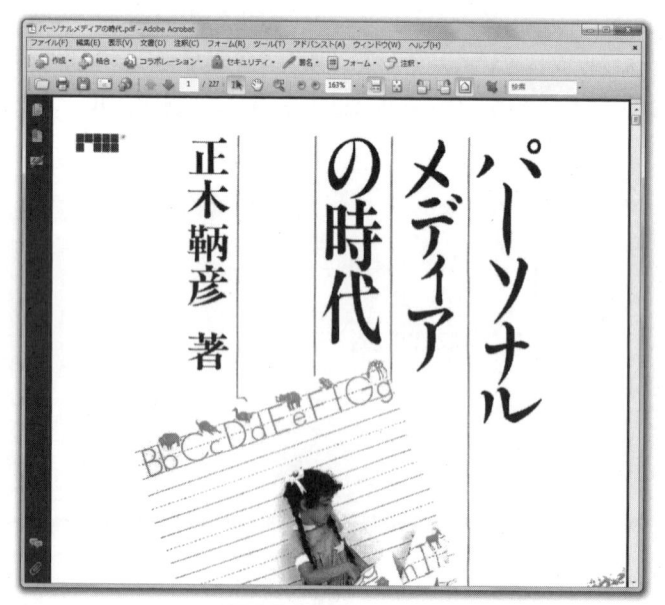

図 3.73　完成した PDF

完成したPDFを保存する。メニューの「ファイル」をクリックし、「上書き保存」をクリックする。この操作を忘れないよう注意しよう。保存しないで終了してしまうと、元の状態に戻ってしまうので、いままでの作業をやり直さなくてはならない。

これで自炊の作業の主たるところは完成となる。完成したPDFファイルは、Adobe ReaderなどのPDFリーダーを使ってパソコンで読むことができる。

3.3.6 口絵やカラーページなどをスキャンして挿入する

口絵などが部分的にカラーページになっている本の場合は、「読み取りモード」の設定をカラーに変更してスキャンし、それを本文のPDFに挿入する。「読み取りモード」の設定は、「2色刷りやカラーの本文の設定」にならい、〈カラーモードの選択〉は「カラー」、〈読み取り面の選択〉は「両面読み取り」にする。挿入の手順は、「スキャンし直した223〜226ページを挿入する（p.49）」ときと同じように、行えばよい。

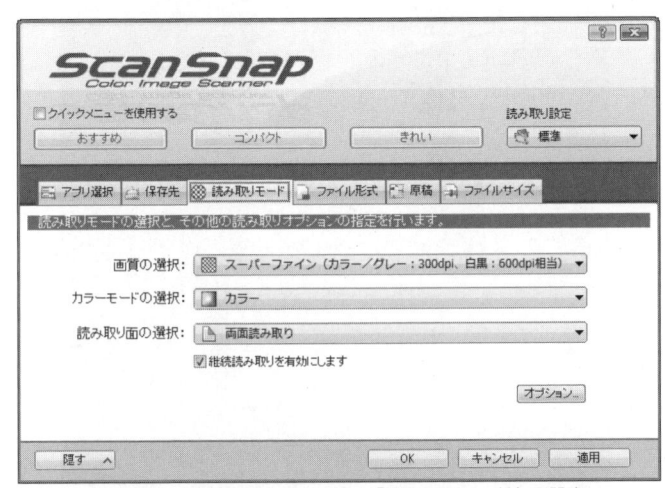

図3.74　口絵やカラーページの「読み取りモード」の設定

4 自炊のプロになる

4.1 裁断機の取り扱い

　大きく重い裁断機を自宅に導入するかどうかは迷うところではあるが、導入の効果は高いといえよう。裁断機の置き場所だが、本を裁断するときに力が入れやすいので、机の上より床の上の方が使いやすい。また裁断機そのものが非常に重いので、使うときに出して、使い終わったらしまうということはあまり考えない方がよい。ただし通路に置くと足の指をぶつけて痛い目に遭うので、人の通らないデッドスペースに置いておくのが最適だ。使用するときに、切り落とす刃と受けがよく見えるように照明を当てるようにするとよい。

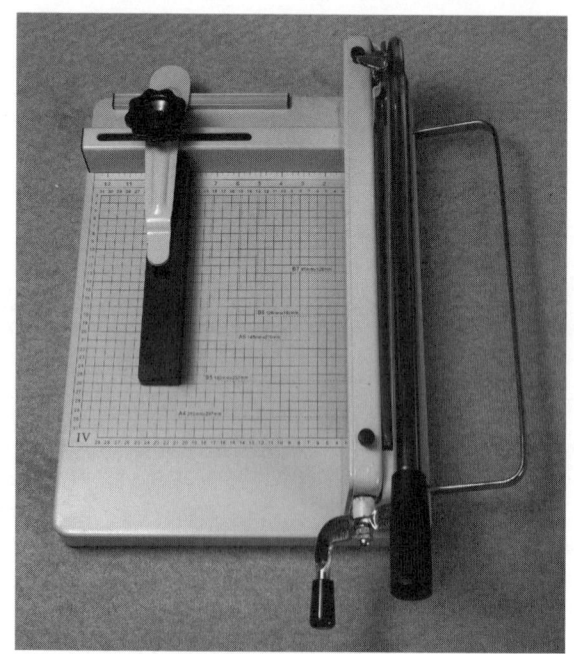

図 4.1　裁断機

裁断機の刃はいっぱいまで上がった状態でロックがかかるようになっている。ロックを解除して切断し、そのあとまたロックがかかる位置に戻すようにしておくか、刃が一番降りた状態にしておく。なお、刃を直接触ると爪でも切れてしまい危険なので使用するときはもちろんのこと、保管時にも十分注意が必要だ。（特に子どものいるご家庭では注意が必要だ。）

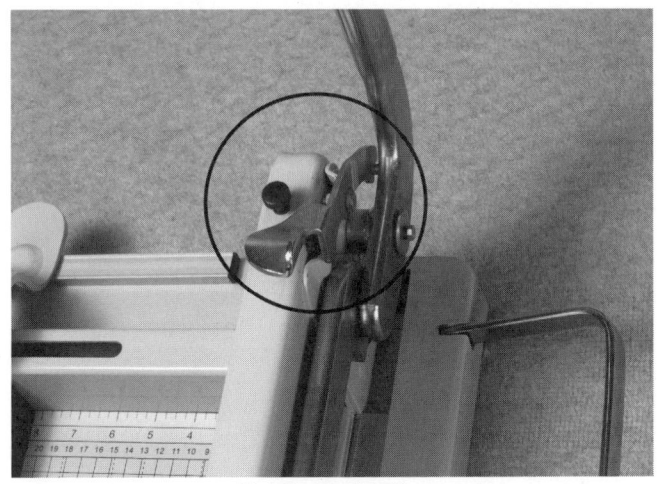

図 4.2　ロックレバー

本書お勧めの大型裁断機には、刃にあまり良質でない油が塗ってある。まず余計な油は刃に十分に気をつけて拭き取る。それから、油染みが紙につかなくなるまで、いらない雑誌などを何度か裁断して刃の油をきれいにする。

この準備段階で何度か紙を裁断すると、刃の受け側に筋がつく（図 4.3）。この筋は裁断位置の目安にできるので、重要である。

裁断機に本をセットするときに、本をガイドに合わせて端に置いてはいけない。刃渡りの中央に置くようにする。

この裁断機には本を固定するための押さえがあるが、本が裁断機の片側の端にあると押さえが水平でなくやや斜めになってしまい、端側の押さえ圧が少なくなる。切断時に刃が本を引っぱり、押さえ圧の低い部分は、ずれていってしまうため斜めに切れてしまう。特に文庫など小型の本は端に置くと、斜めに切れてしまいやすい。A4 サイズの大型の本以外は、本を刃渡りの中央に置こう。

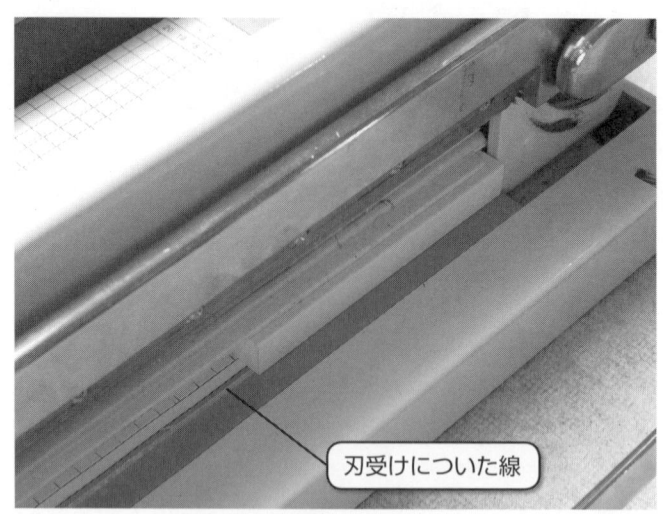

図 4.3　刃の受け側についた筋

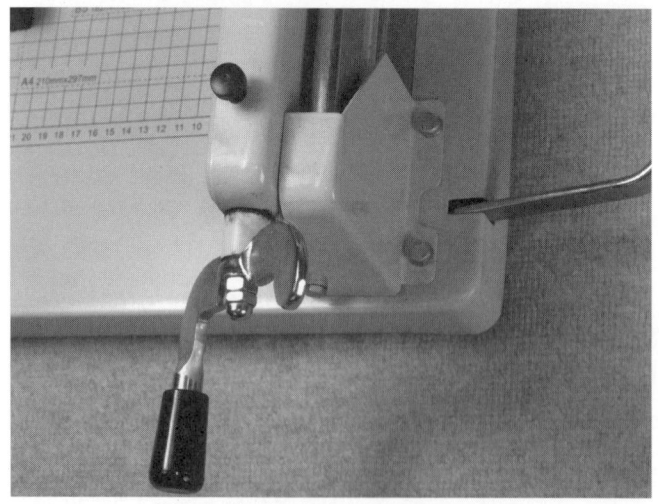

図 4.4　本の押さえを上下させるハンドル

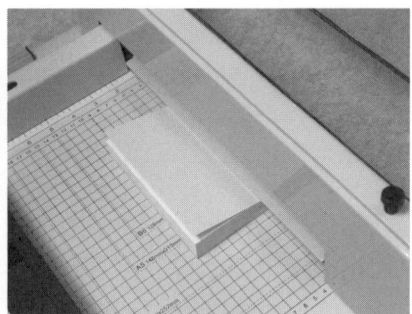

小型の本は端に置いてはいけない（左）。刃渡りの中央にセットする（右）
図 4.5　裁断機に本をセットする

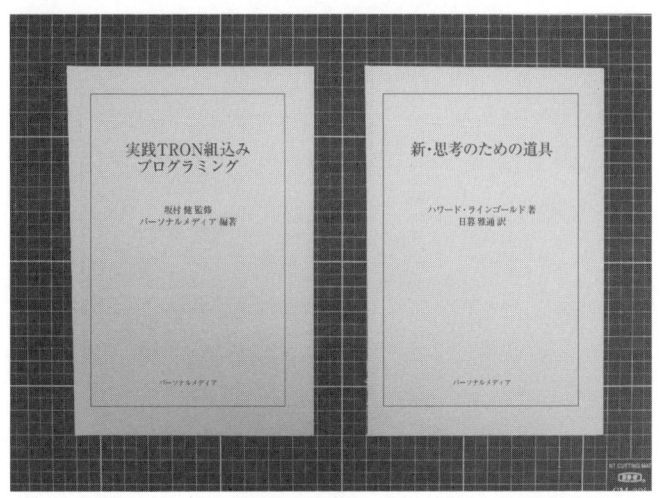

図 4.6　裁断した本（左が刃渡りの端にセットしたもの、右が刃渡りの中央にセットしたもの。左のものが斜めに裁断されているのがわかる）

　また、本の押さえに滑り止めがついていないため、滑りやすい。そのため、刃が降りていくに従って本を巻き込んしまい、垂直に切れずに斜めに切れていく。このずれは刃が上から下に降りていく間に紙を引っぱるため、上側より下側が内側に切れていくことによって起こる。切り落とした背の部分見ると、下の方にあった側ほど分厚く切れているのがわかる（図 4.7）。本に幅がある場合は、右手で刃を下ろすときに、左手で本に上から体重をかけるよ

うにするとずれにくい。

図 4.7　下側ほど分厚く切れる傾向がある

4.2 本のタイプ別処理方法

4.2.1 無線綴じの本

　無線綴じは、本の背の部分に糊をつけて綴じられている本で、文庫、新書、技術書、ビジネス書など多くの本で使われている〔図 4.8（1）〕。表紙用紙が分厚かったり、本そのものが分厚かったりしなければ、そのまま裁断できる。切り落とす幅を背から 3mm〜5mm の範囲で裁断すれば、たいていの本は大丈夫である。ただし、本によってはのど側（本の綴じてある側＝背の側）のぎりぎりまで文字が印刷されている本もあるので注意しよう。文字が切れてしまっては読めなくなってしまうので、裁断する前にまず確認して、のど側の余白の幅に合わせて裁断幅を小さめにするなど調整する。また、裁断機のところで説明した（p.67）が、垂直に刃を降ろしても斜めに切れていくため、刃受けの線の位置で 2mm 程度にすればちょうどよくなる。分厚い本の場合は、半分に分割して裁断すると、斜めに切れる問題は緩和される。本文は、おもに 16 ページ分を印刷した 1 枚の紙を仕上がりの大きさに折りたたんだもの（折丁）を重ねて綴じてある（4 ページ、8 ページ、32 ページなどの場合もある）。折丁と折丁の境目を探して、そこで分けるときれいに分割しやすい（図 4.9）。

4.2.2 平綴じの本

　平綴じは、針金留めして背を糊付けしてある本である〔図 4.8（2）〕。無線綴じは平綴じの一種であるため、一見して同じに見える。無線綴じと同じように裁断すると針金に裁断機の刃が当たり刃を痛めてしまうことがある。このため針金を事前に取り外すことが肝心となる。表紙、裏表紙はカッターで丁寧に切り取り、針金を外す。製本用の針金はかなり固いので、針金の裏側の折り曲げてある部分を丁寧に起こし、表側の曲げてある部分をペンチなどで引っぱり外す。あとは、無線綴じの本と同様に裁断すればよい。
　針金を起こしたり、曲げてある部分を持ち上げるときに、MAX の RZ-

4 自炊のプロになる

(1) 無線綴じ

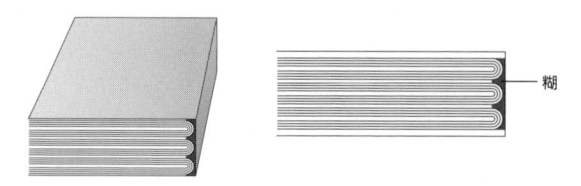

糊

(2) 平綴じ

針金で綴じる

多くは背の部分を
糊で固めてある

(3) 中綴じ

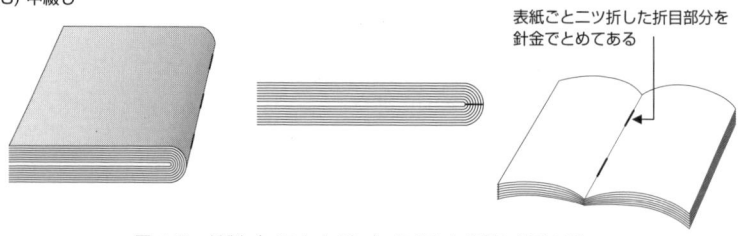

表紙ごと二ツ折した折目部分を
針金でとめてある

図 4.8　並製（ソフトカバー）のおもな種類（綴じ方）

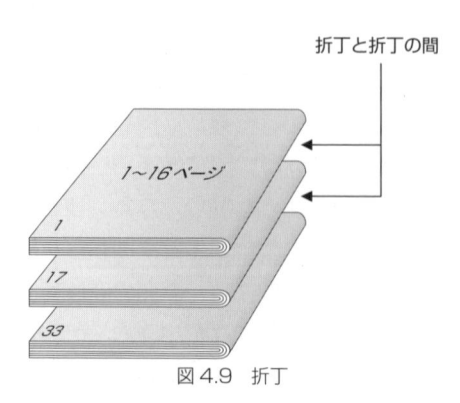

折丁と折丁の間

1〜16ページ
1
17
33

図 4.9　折丁

10Sというリムーバが役に立つ。このリムーバはホチキスのNo.10の針を外すためのものなので、製本につかわれている固い長い針を一気に外すことはできない。しかし、針金を外すための前作業として、針金を起こしたり、持ち上げたりするのに便利だ。

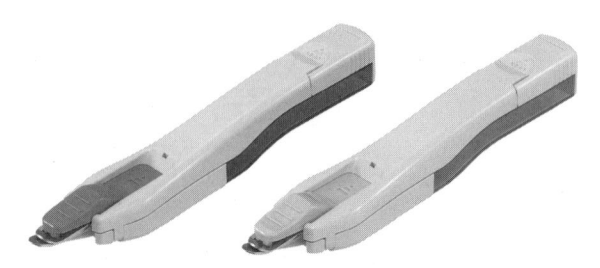

図4.10　ホッチポン　RZ-10S（写真：マックス株式会社）

4.2.3 中綴じの本

中綴じは、紙を二つ折りにして中央を針金でとめた綴じた方で、週刊誌などでよく使われている製本方法である〔図4.8（3）〕。中綴じは、まず針金を外し、本を開いて中央の折の部分で裁断すればよい。

4.2.4 上製本（丸背）の本

上製本は別名ハードカバーとも呼ばれる。本文を折丁1折ごとに糸かがりして綴じ合わせて、本文よりひとまわり大きく固い表紙でくるんで製本されている。背が丸くなっているものは丸背、平らなものは角背と呼ぶ（図4.11）。

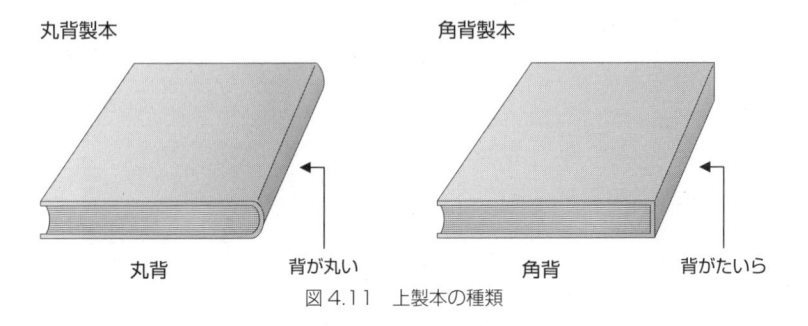

丸背製本　　　　　　　角背製本

丸背　　背が丸い　　　角背　　背がたいら

図4.11　上製本の種類

上製本は裁断する前に、固い表紙や背を外す。まず、カバーや中に挟まっているパンフレットなどをすべて外し、しおり紐を外に出しておく。上製本の背の部分は、寒冷紗と呼ぶ粗く織った薄い布を糊付けして固定されている（図4.12）。表紙を開き、寒冷紗で固定してある部分をカッターで切れ目を入れる（図4.13）。そして、表紙を引っぱり本体から外す（図4.14）。裏表紙も同様にして本体を分離する（図4.15）。

　背の上下部分についているかざり布（花布）を引っぱり外す。このとき、しおり紐も同時に外す（図4.16）。このあと本体の背の部分を裁断する。

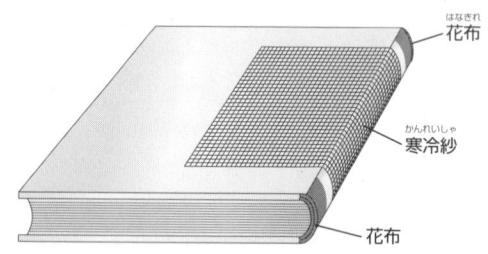

図4.12　寒冷紗と花布（上製本の内部）

図4.13　表紙と本体に切れ目を入れる

図 4.14　表紙側を本体から外す

図 4.15　表紙と本体を分離する

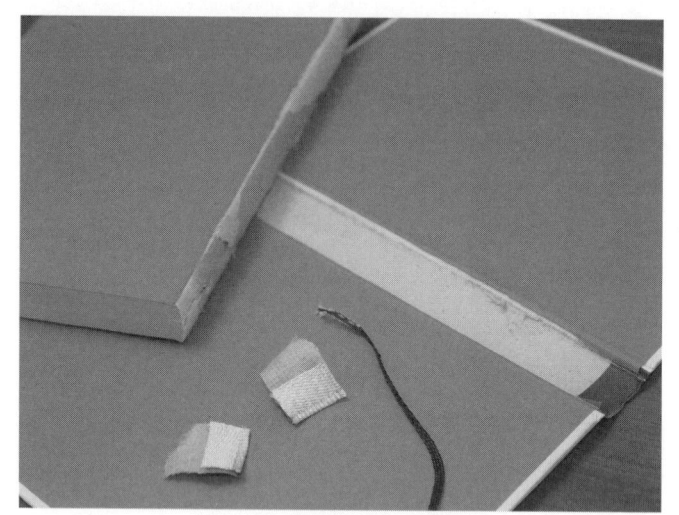

図4.16　花布としおりを剥がす

　丸背の場合、背の丸くなっている部分を裁断することになるので、本の中央部分のページは横幅が、巻頭・巻末部分に比べて短くなってしまう。文字が欠けてしまうことがなければ支障はないが、厚い本では、中央部分と巻頭・巻末部分のページの横幅の差が大きくなりすぎる。この場合、本体をいくつかに分割して、それぞれを裁断していくとよい。
　本体を分割する場合、分割位置は、折丁と折丁の境目のところを選ぶときれいに分けることができる（図4.17）。折丁の境目は、背の上あるいは下の部分でページを繰っていけば見つけられる。

図4.17　折丁の境目で分割するときれいに分割できる

また、本文の外側部分は、かまぼこ型の稜線になっているので、たとえば本体を中央で2つに分割して裁断するときに、刃が紙を引っぱるため下側ほどページの幅が短くなるという性質を利用して、分けた本体の中央のページ側を上、表紙あるいは裏表紙側を下にして裁断すると、ページの幅が比較的揃う（図 4.18）。本文のページが上側になる場合、裁断時に本文を保護するために当て紙をいれるとよい。

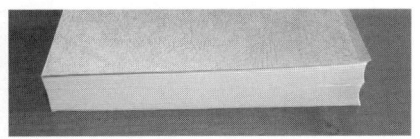

図 4.18 一度に断裁した場合（左）と2つに分割して断裁した場合（右）

4.2.5 上製本（角背）の本

角背の場合も丸背と同様に固い表紙と背を外す。角背の場合は、本体を無線綴じのときと同様に裁断すればよい。厚い本の場合は、丸背のところで説明したように折丁と折丁の境目で分けて、裁断すればよい。

4.2.6 A4 より幅のある本

ファッション誌、デザイン誌、女性誌などで、A4 ワイドと呼ばれる A4 サイズよりも幅の広い本がある。以前は、A4 ワイドの幅は本によりまちまちだったが、2010 年 2 月に大手出版社がサイズを縦 297mm×横 232mm に統一すると発表して、これに則った本が多くなってきている。残念ながら ScanSnap S1500 は、横幅が 220mm までしか入らないので、このサイズだと 12mm はみ出てしまう。そこで両側を 6mm ずつ裁断して幅 220mm にすればスキャンすることができる（図 4.19）。たいていの雑誌ならこの範囲の裁断では本文は切れない場合が多い。なお、特にワイドな「家庭画報」は幅 246mm で、切り落とす幅が多く本文が切れてしまうので残念ながらこの方法は使えない。

図 4.19　A4 より幅のある本は両側を断裁する

4.2.7　和綴じの本

　現在ではやや特殊な部類となってしまったが、和綴じの本も自炊可能である。和綴じの本は半紙の表に印刷をしたものを二つ折りにして、糸綴じで製本されている。和綴じの本の裁断方法はいくつか考えられる。綴じてある側を裁断して、本体を開いて並べ直してスキャンする方法や、両側を裁断して、表裏になっているページを揃え直してスキャンする方法もある。ただし、本体のページを開いてスキャンする場合は、本の高さがスキャナーの幅にあたるため、ScanSnap の場合、本の高さが 220mm 以下、もしくは本の上下の余白を切り詰めて 220mm に納まる場合にしか使えない。

　ここでは、糸綴じをほどき、本体を開いてスキャンする方法について説明する。

　糸綴じ方法も何種類かのバリエーションがある。基本的な四つ目綴じでは、最後の結び目を穴の中に押し込んである。綴じ糸は、この結び目に近いところで糸を切り、ほどいていくとよい（図 4.20）。

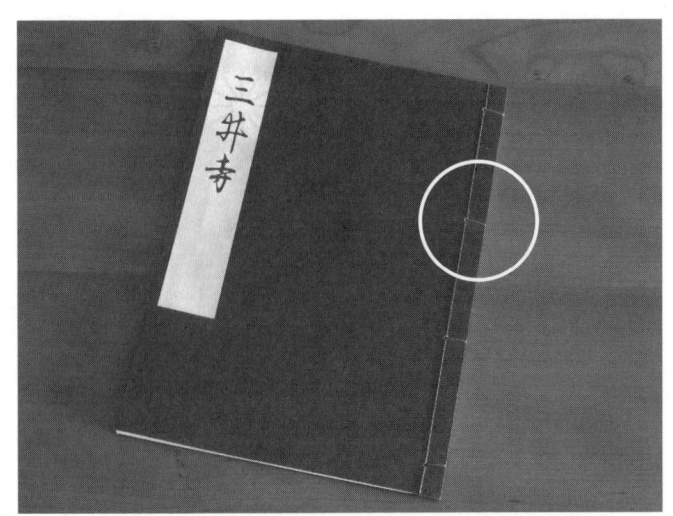

図 4.20　この本では丸印のところに結び目を押しこんである

　本体の上下には角きれが糊付けしてあるので、これをはがす（図 4.21）。また、表紙も糊付けしてあるので丁寧に外す。

図 4.21　角きれをはがす

本体を開いてスキャンする。本の高さが 227mm で、ScanSnap の読み取り幅の 220mm よりやや大きいために、上下をカッターで切り落して 220mm にする（図 4.22）。表紙、裏表紙は切らずにそのままスキャンする。

スキャンする場合は、本体も表紙も ScanSnap の設定を「両面読み取り」ではなく「片面読み取り」にする。

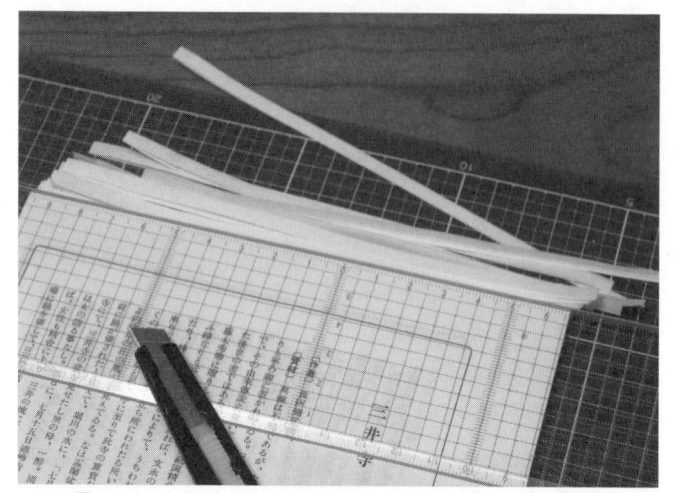

図 4.22　上下 4mm ほど切り落として高さを 220mm にする

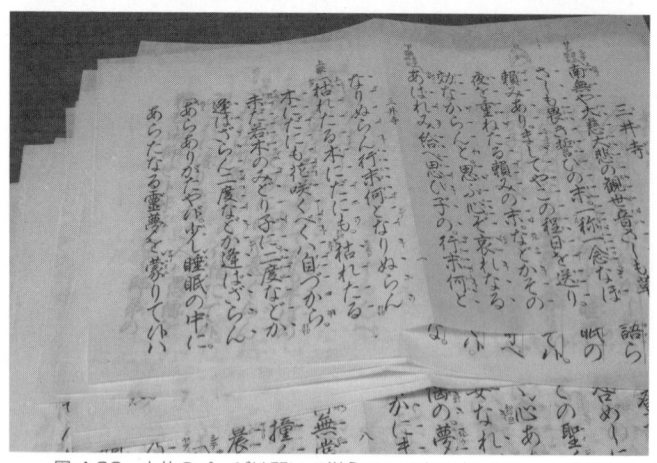

図 4.23　本体のページは開いて揃えて、スキャナーにセットする

このようにしてスキャンすると、本体はページを開いた形で縦長の PDF となる。表紙を挿入する前に本体を 90 度回転する必要がある。本体の PDF ファイルを Acrobat で開き、メニューの「文書」「ページの回転」を選ぶ。設定のためのパネルが開くので以下のように設定する。

　　方向：　　　これはスキャンした向きによるので本文を確認して回転す
　　　　　　　　る方向を「右 90°回転」あるいは「左 90°回転」を選ぶ。
　　ページ範囲：「すべて」をクリックする。
　　回転：　　　「偶数および奇数ページ」に設定する。

　最後に「OK」ボタンをクリックすると、本文の全ページが正しい向きに回転する。

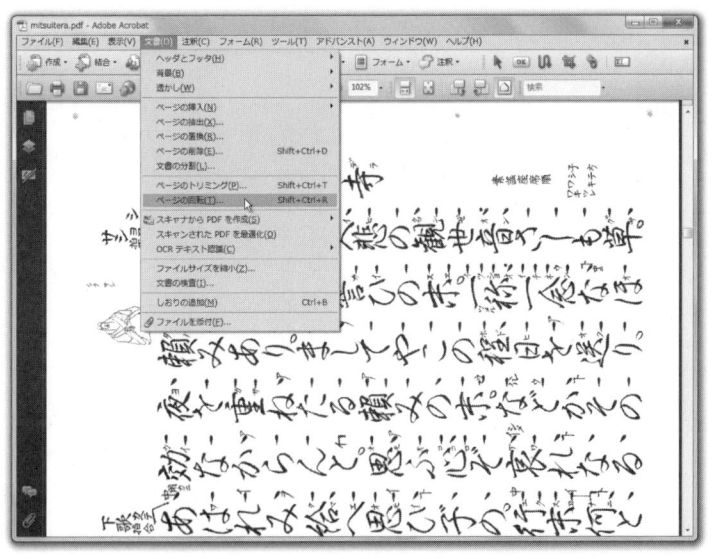

図 4.24　メニューから「ページの回転」を選ぶ

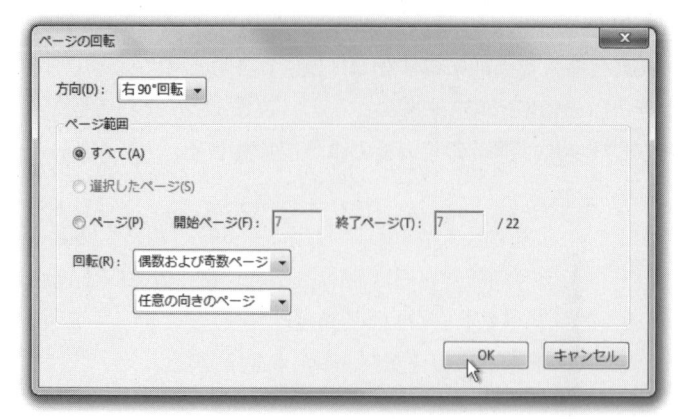

図 4.25　ページの回転の設定

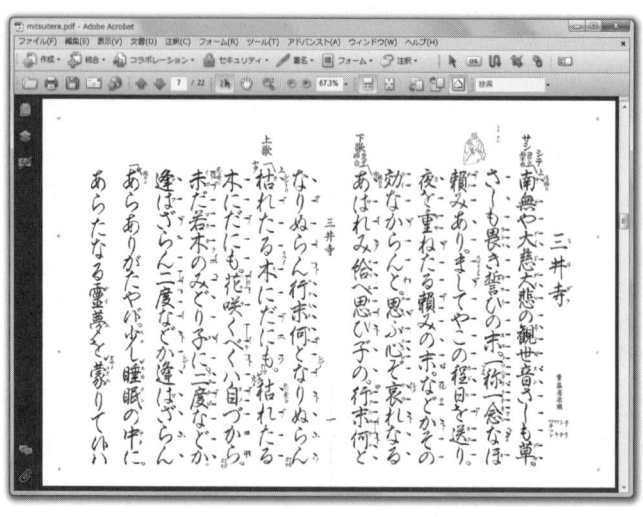

図 4.26　回転したページ

4.2.8　見開きの写真が多い本

　美術本など写真や図版が見開きで掲載されているような本では、背の部分を裁断するとページの左右の間が切り落とされてしまう。このため裁断する

幅をできるだけ少なくしたい。これには何度も裁断して慣れる必要があるが、左右のページの隙間が間5mm～6mm程度までなら裁断することができる。

写真や図版の多い本ではないが、表紙と裏表紙があって背がついていない無線綴じの本で、本ののど側（綴じてある側）のかなりぎりぎりまで文字が印刷されている本があった。このような場合もできる限り裁断幅を少なくする必要がある。

図4.27　背のない無線綴じの本の例

図4.28　裁断幅をできるだけ薄くした例

4.2.9 本棚に長くしまわれていた古い本

　本棚に長くしまわれていた本は、圧縮されてページとページが密着している。そのため、文庫本などで薄い紙を使用している本では、裁断してスキャナーで読み込ませるときに重送が頻繁に起こることがある。このような本の場合には、手間はかかるが、裁断したあとに 1 枚 1 枚開いて紙の間に空気が入るようにするとよい。その際にページの順番が狂わないようにしよう。

　古書などで紙が傷んでいるような本をスキャンするにはドキュメント・スキャナータイプは適さない。1 枚 1 枚フラットベッド・スキャナーで読み込むなど別手段を選択すべきだ。

4.2.10 折り込みページ、挟み込み冊子

　年表や図版など本の折り込みページや付録の冊子は、本文とは分けてスキャンし、あとで本体に挿入する。折り込みの場合、長さ 360mm までは標準の方法でスキャンできる。360mm より長い場合は、ScanSnap S1500 の長尺読み取りモードを使うと、863mm までスキャンすることができる。原稿をセットし手で支えながら、Scan ボタンを点滅するまで 3 秒以上長押しする。これで長尺読み取りモードでスキャンされる。

　折り込みページの短辺が 220mm を越える場合は、カラーコピーで縮小コピーをとり、それをスキャンする。

4.3 バックアップとスキャナーの手入れ

4.3.1 バックアップ

自炊してデータ化したPDFファイルを長期に保存するにはどうしたらよいか。実は、これはなかなか難しい問題なのである。基本的には、パソコン以外のハードディスク、DVD、ブルーレイディスクなどにコピーを作って保存しておき、必要に応じてこれを読み出す。これをバックアップという。

自炊した本のデータサイズはかなり大きく、700MB（メガバイト）程度の容量のCD-Rでは十数冊しか入らない。USB接続のできる小型のハードディスクは数百GB（ギガバイト。1ギガは1メガの1000倍と考えればよい）〜1TB（テラバイト。1テラはギガの1000倍と考えればよい）なので使いやすい。しかし、ハードディスクは磁気で記憶をしているため、長期間のうちには記憶が薄れたり壊れたりすることもある。高速で円盤を回転させて、ヘッドで読み取るメカニズムなので機械的に故障も起こる。めんどうではあるが、複数のハードディスクにバックアップし、年に1度くらい書き換え作業をするとより安全性が高まる。

DVDやブルーレイはどうかというと、どれだけ寿命があるかは一概に言えない。DVDにはDVD-RとかDVD-RW、DVD-RAMなどの種類があり、ブルーレイにもBD-R、BD-REという種類がある。DVD-RAMとBD-REがよいという話もあるが、テストをすると種類による寿命の差より、製造しているブランドによるばらつき差の方が大きかったりするという。（財団法人機械システム振興協会「長期保存のための光ディスク媒体の開発に関するフィージビリティスタディ報告書」 http://www.dcaj.org/h17opt/17opt_youshi.pdf）

30年以上の寿命のものに認定マークをつけようと「特定非営利活動法人 アーカイヴ ディスク テスト センター」（http://n-adtc.org/）ができたが、認定マークのついたメディアはまだ市場では見かけない。

いまのところ、いくつかのメディアにバックアップし、ときどき書き換えるしかよい方法はないようだ。

4.3.2 スキャナーの手入れ

　ドキュメント・スキャナーは、使用していくうちに、細かい紙の繊維が内部に付着して紙の引き込みがうまくいかなくり、重送しやすくなる。カバーオープンレバーを引いて開き、内部を見て繊維で白っぽくなっていたら、白い部分とローラーをよく拭いて繊維を除去する。不織布にアルコールをしみこませてあるエリエールの「除菌できるアルコールタオル」や小林製薬「メガネクリーナふきふき」が便利だ。

　また、スキャンしたPDFの画像の同じ位置に縦線が入るようになったら、読み取り部分が汚れている可能性がある。細長いガラス面が奥の方の両側にある。ここもアルコールタオルやメガネクリーナできれいにすると、画像はきれいになる。

図 4.29　汚れたスキャナーの内部

図 4.30　エリエール
除菌できるアルコールタオル
（写真：大王製紙株式会社）

図 4.31　メガネクリーナふきふき
（写真：小林製薬株式会社）

図 4.32　読み取り部に汚れが付着している

5 電子書籍を読む

　作成した電子書籍（PDF ファイル）は、パソコン、iPad をはじめとするタブレット型の携帯端末、電子書籍専用端末など、PDF ファイルが閲覧できるさまざまな端末で読むことができる。
　ここでは、昨年発売になって大ヒットした Apple 社のタブレット型コンピュータ iPad で電子書籍を読む方法を紹介する。

5.1 iPad の電子書籍リーダー・アプリケーションを購入する

　はじめに iPad を購入してから初期設定をするまでの手順を簡単に説明しておく。なお、インターネット接続と無線 LAN が使える環境を整えておく必要がある。
　iPad は最初にパソコンと接続して設定を行う。iPad と接続するパソコンには iTunes がインストールされている必要がある。iTunes はアップル社の web サイトから無償でダウンロードできる（http://www.apple.com/jp/itunes/download/）。Google などの検索サイトで「itunes」と入力すれば、すぐに見つけることができる。
　まず、自分のパソコンにあった iTunes をダウンロードして、インストールする。
　iTunes をインストールしたら、パソコン上で起動し、iPad に付属している USB ケーブルでパソコンと iPad を接続する。接続すると iPad の初期設定が始まる。iPad の初期設定では、無線 LAN の設定や、App Store（アップストア）からアプリケーションなどを購入するときに決済をするクレジットカードの登録などが必要だ。
　ここからは、iPad の初期設定を完了しているという前提で話を進める。
　まず電子書籍を読むためのアプリケーションを iPad に登録する。iPad の

アプリケーション・ソフトウェアは App Store からインターネット通信販売で購入するしくみになっている。

作成した電子書籍は、PDF ファイルなので、PDF 閲覧用のアプリケーション（PDF リーダー）を使用する。本書では、Smooth Reader（スムーズ・リーダー）という PDF リーダーを利用する。Smooth Reader はパーソナルメディア株式会社の開発した iPad 用高速 PDF リーダー・アプリケーションだ。Smooth Reader は、特に自炊した電子書籍を意識して設計開発された PDF リーダーで、今後も自炊電子書籍のための多様な機能強化が予定されている。

まず、iPad を起動しよう。iPad のホームボタンを押して、ロック解除の

図 5.1　iPad のホーム画面

5 電子書籍を読む

　矢印ボタンを右へスワイプ（画面に触れた状態で指を滑らせる操作）する。これで iPad が起動（再開）する。もしここでホーム画面が出ず、なにかのアプリケーションが動作していたら、ホームボタンを押して、ホーム画面にする。
　iPad 画面の App Store のアイコンをタップ（タッチ）する。自動的にインターネットに接続して App Store の画面が表示される。右上の検索欄の部分をタップするとキーボードが表示される。キーボードの左下にある地球マークのキーをタップすると日本語（ローマ字入力）と英語入力（English US）とが交互に切り替わるので、英語入力にして、「Smooth Reader」と入力する。

図 5.2　App Store の検索欄に「Smooth Reader」と入力する

App Store で Smooth Reader が検索されたら、金額の表示されているボタン部分をタップする。「APP を購入」の表示に変わったら、このボタンをタップ。Apple ID パスワードを入力するパネルとキーボードが表示されるので、iPad の初期設定のときに登録したパスワードをキーボードから入力して、「OK」ボタンをタップする。

これで、ネットワーク経由でアプリケーションが読み込まれる。しばらくすると Smooth Reader のアイコンが画面に表示される。

図 5.3　Smooth Reader アイコンが表示される

5.2 Smooth Reader に自炊した電子書籍を登録する

　パソコン上で自炊して作った電子書籍（PDFファイル）をiPadに登録するためには、パソコンとiPadをUSBケーブルを使って接続し、パソコンにある電子書籍をiPadにコピーする。

　まずパソコンのiTunesのアイコンをダブルクリックして、起動する。

図5.4　iTunesのアイコンをダブルクリック

　iTunesが起動したら、iPad付属のケーブルでiPadとパソコンを接続する。しばらくすると、iTunesの画面左の「デバイス」のところに「〜のiPad」という表示が現れるので「〜のiPad」の部分をクリックする。

図5.5　デバイス部分にiPadが表示される

　画面上にiPadの絵が表示されたら、中央上方にある「App」ボタンをクリック。これはiPadの中に登録されているアプリケーションのリストを表示す

る操作である。

図 5.6　iTunes 上部の「App」ボタンをクリックする

　iTunes ウインドウの右端のスクロールバーを使い、一番下までスクロールし、「ファイル共有」の部分を表示させる。

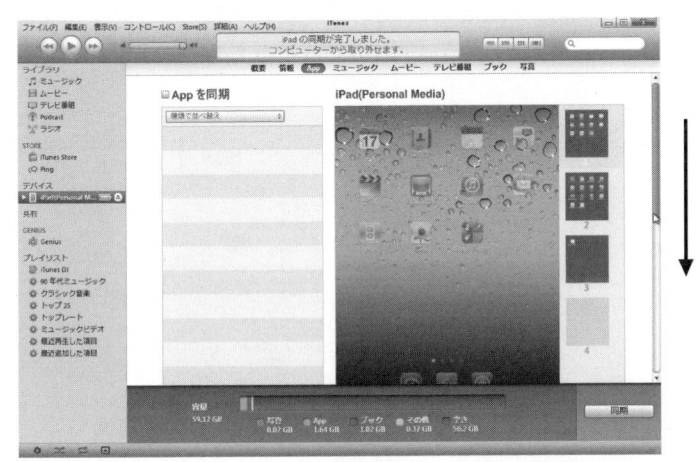

図 5.7　iTunes ウィンドウ右端のスクロールバーを下げる

　ファイル共有の部分に「Smooth Reader」のアイコンがあるので、これ

をクリックする。

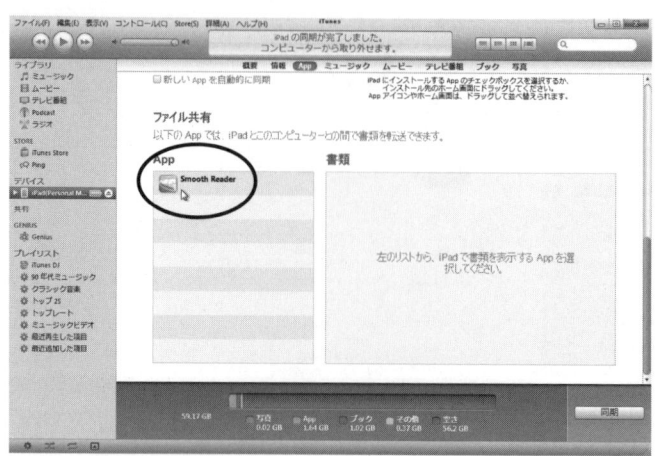

図5.8 「ファイル共有」部分に「Smooth Reader」が表示されている

　この操作で、Smooth Readerに登録されている電子書籍のリストが表示される。
　新しく自炊して作った電子書籍を追加するには、「Smooth Readerの文書」のリストの一番下にある「追加」ボタンをクリックする。

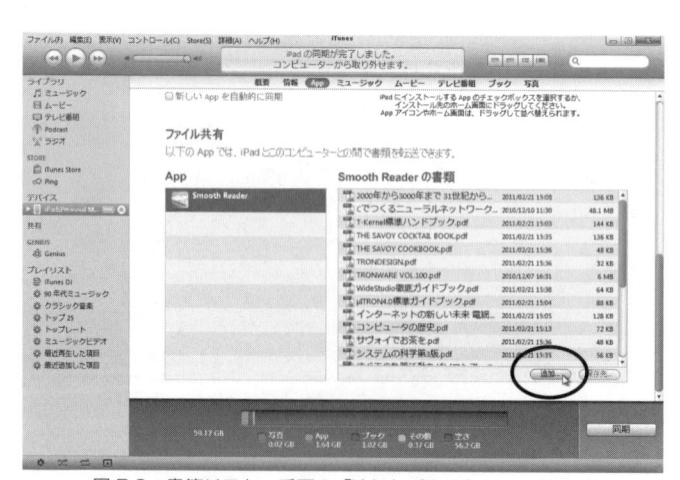

図5.9 書籍リスト一番下の「追加」ボタンをクリックする

追加する電子書籍を保存した場所を指定するためのパネルが開く。本書の例では、デスクトップに「書籍一時保存」というフォルダーをつくり、その中に完成した電子書籍が入っている。

パネルの左側の「デスクトップ」をクリックし、「書籍一時保存」のフォルダーをダブルクリック。

図 5.10 「デスクトップ」→「書籍一時保存」の順でクリックする

完成した電子書籍をクリックし、右下の「開く」ボタンをクリック。これで電子書籍が iPad の Smooth Reader に転送される。※）

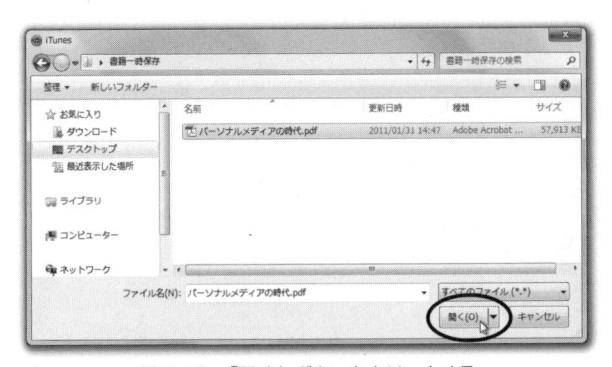

図 5.11 「開く」ボタンをクリックする

※）「Smooth Reader の文書」のリストの一番下にある「追加」ボタンをクリックしてパネルを出すのではなく、転送したい電子書籍（PDF ファイル）のアイコンを直接「Smooth Reader の文書」のリスト部分にドラッグする方法もある。

5 電子書籍を読む

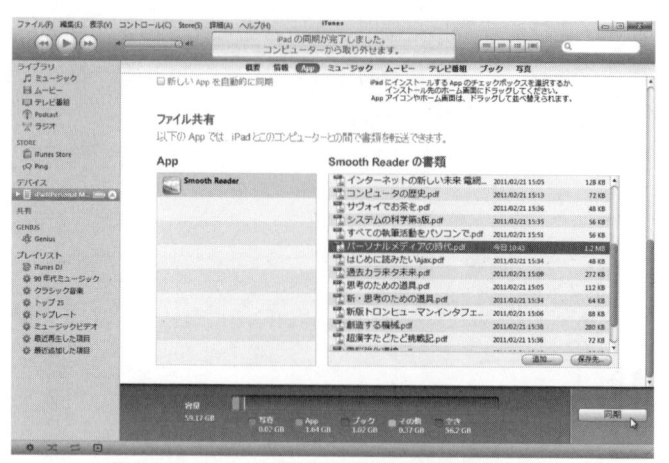

図 5.12 Smooth Reader に電子書籍が登録された

　同期処理が進行し画面上方に「iPad の同期が完了しました。コンピューターから取り外せます。」の表示がでたら、転送は完了。「〜の iPad」の横のイジェクトマーク（上向き三角に横棒のマーク）をクリックする。これは、パソコンから iPad を外す操作で、しばらくすると「〜の iPad」の表示は消え、iPad が外れたことがわかる。パソコンと iPad を接続していたケーブルを外し、iPad への電子書籍登録は完了となる。

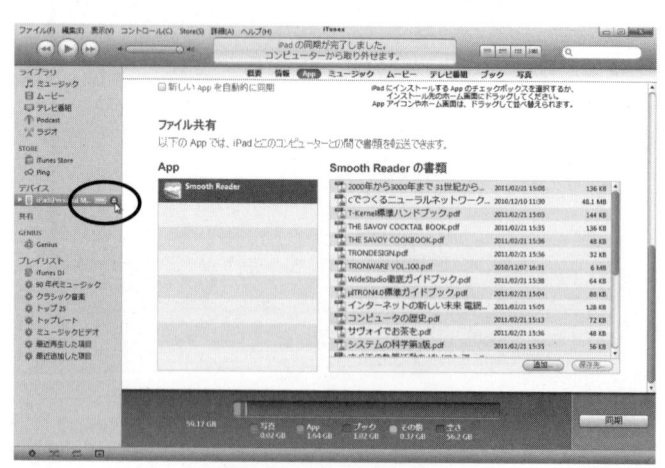

図 5.13 iPad を取り外す

iPad から電子書籍を削除する方法も説明しておく。登録のときと同じ操作で Smooth Reader に登録されているファイルを表示させる。「Smooth Reader の文書」の下にある電子書籍のリストから削除する電子書籍をクリックして選択し、キーボードの DEL キー（Delete キー）を押す。「選択した書類をお使いの iPad から削除してもよろしいですか？」という確認のパネルが出るので、「削除」ボタンをクリックする。これで削除が完了する。

この操作で消されるのは iPad の中にコピーされた電子書籍だけで、元の電子書籍はパソコンに残っている。必要になれば再度登録の操作を行えばよい。

> iPad で Smooth Reader が起動している状態で、iTunes を使って電子書籍（PDF ファイル）を Smooth Reader へ転送しても、Smooth Reader の本棚に表示されない場合がある。
> この場合はホームボタンを押して Smooth Reader をいったん終了させ、再度起動して本棚を表示すると、点線の囲みの表示のあと、新しい本の表紙が現れる。
> また iPad のバージョンが iOS4 の場合は、ホームボタンを押しただけではアプリは完全に終了していない。ホーム画面でホームボタンをダブルクリックすると起動中のアプリが画面の下に表示されるので、ここで Smooth Reader のアイコンを長押しして左上の赤いインジケータをタップし、アプリを完全に終了させてから、再度起動すると新しい本の表紙が現れる。

5.3 Smooth Reader で読む

　iPad のホームボタンを押して、ロック解除の矢印ボタンを右へスワイプ（指を滑らせる操作）し、iPad を起動（再開）する。もしここでホーム画面が出ず、なにかのアプリケーションが動作していたら、ホームボタンを押して、ホーム画面にする。

　ホーム画面をフリックして、Smooth Reader のアイコンがあるページに移動する。Smooth Reader のアイコンをタップ（タッチ）して、起動する。

図 5.14　Smooth Reader のアイコンをタップする

　本棚に、新しく登録した本の表紙が現れる。

Smooth Reader で読む 5.3

図 5.15 本棚の画面

　本棚でなく、書名の一覧になっていたら、左上の 9 つの点のボタン ▦ をタップすると本棚表示になる。（一覧にするには 3 本の線のボタン ≡ をタップする。）

　「ファイル名」「更新日」「閲覧日」のボタン ファイル名 更新日 閲覧日 をタップすると、その順で本が並べ変わる。新しく登録した本は「更新日」のボタンをタップすれば左上に出てくるはずだ。

　読みたい本の表紙をタップすると電子書籍が起動し、読み始めることができる。

図5.16 書籍起動直後

　起動直後は、画面の上部にナビゲーションバー、画面の下部にスライダーが表示されているはずだ。これらは画面中央部をタップすることで、表示と非表示を切り替えることができる。
　ナビゲーションバー右側の「設定」ボタン 設定 をタップすると、リンク表示の有無、ページ移動方向、ページ配置などを設定するパネルが表示される。これらの設定は各書籍に対して個別に設定可能である。

図5.17 設定パネル

　リンク表示を「オフ」 オフ から「オン」 オン にすると、本文中のリンクが貼られている範囲を薄赤色で表示させることができる。

　横書きの本はページ移動方向を「→の方向」 目→ に、縦書きの本は「←の方向」 ←皿 に設定する。

　iPadを横向きにして読みたい場合は、ページ配置を設定することにより、「1ページずつ表示」 1 するか「2ページを見開きにして表示」 12 するか選ぶことができる。

　バージョン番号の右側にある 🛈 マークをタップすると、アプリケーションを終了してブラウザを起動し、Smooth Readerのサポートページを表示する。

　ページをめくるときは、画面上で左右へフリック（指で軽く払う操作）またはスワイプするとその方向へページがスライドする。スワイプの途中で指を止めると、左右のページを一時的に同時に表示させておくことができる。

　また、画面の左端または右端をタップした場合はその方向へ瞬時にページを進めることができる。iPadを両手で持ったまま親指でページをめくりたいときになどに便利である。

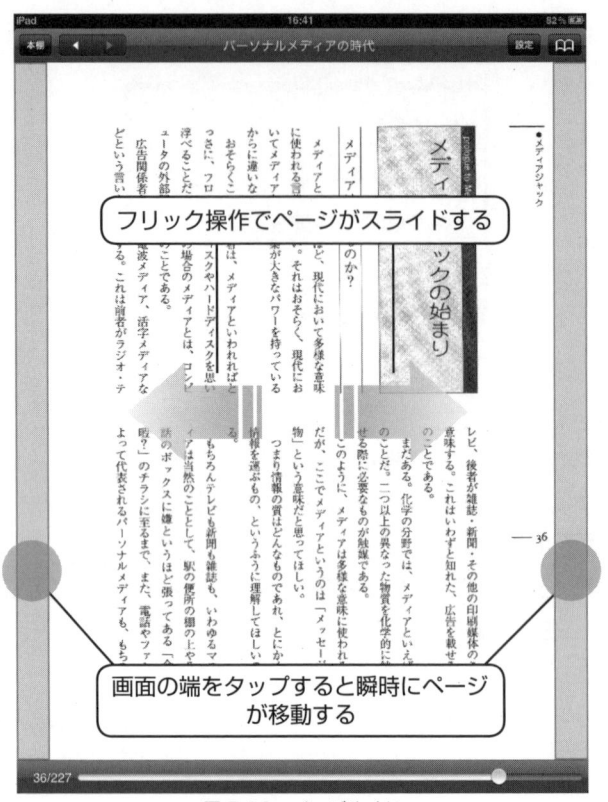

図5.18　ページめくり

　お気に入りのページやあとで読み返したいページにはしおりを挟むことができる。ナビゲーションバー右側の本が開いた状態の「しおり」ボタン をタップすると、しおりを挿入するパネルが表示される。新しいしおりを挿入するには、パネル左上の「追加」ボタン をタップして、ページとコメントを入力して保存する。

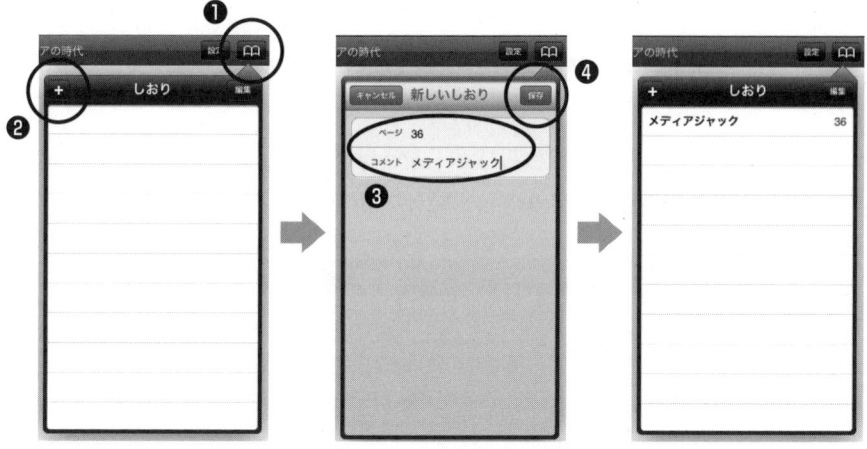

図5.19　しおり作成の手順

　一度しおりを挿入しておけば、どのページを読んでいるときでもしおりボタンをタップするだけでお気に入りのページを選んでジャンプすることができるようになる。

　一度作成したしおりを削除したい場合は、「編集」ボタン 編集 をタップし、コメントの右側に表示される「マイナス」マーク ● をタップして「削除」ボタン 削除 をタップする。しおりが削除されたら「完了」ボタン 完了 をタップする。

図5.20　しおり削除の手順

　画面下のスライダーをスワイプすると、ページを一挙に進めることができる。画面中央にでるページ数を目安にスワイプした指を離せば、瞬時に指定したページにジャンプする。

図 5.21　スライダー

　ジャンプ機能やしおりで操作したページへは、ナビゲーションバーの左側の三角のボタン をタップして戻ったり進んだりすることができる。

図 5.22　戻る／進むボタン

　画面上でピンチアウト（閉じていた2本の指を広げる操作）すれば画面全体を拡大し、ピンチイン（広げていた2本の指を閉じる操作）すれば画面全体をもとの大きさまで縮小することができる。

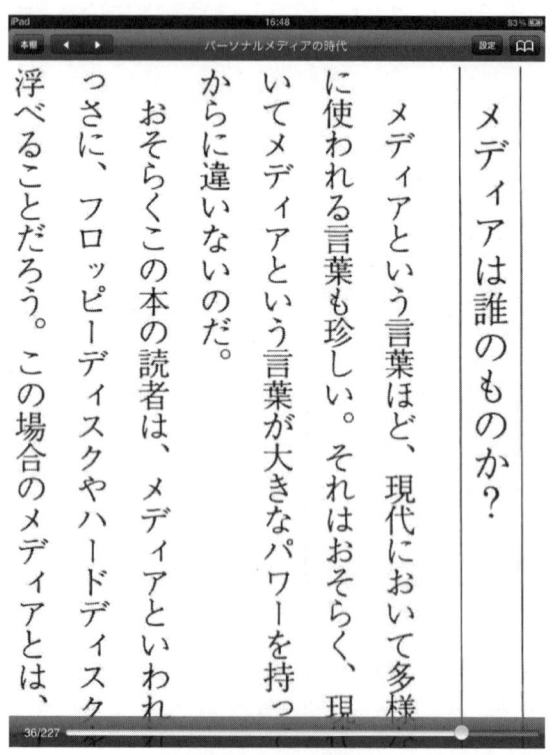

図 5.23　拡大画面

違う書籍を読みたくなったら、ナビゲーションバーの左側にある「本棚」ボタン 本棚 をタップすると、本棚の画面に戻ることができる。

　Smooth Reader は最後に開いたページを記憶しているので、読みかけで終了しても、次に起動したときにはすぐに読み始めることができる。

　Smooth Reader の web サイトには、マニュアルや FAQ などの情報が掲載されているので、あわせてご参照ください。
http://www.personal-media.co.jp/smoothreader/
Twitter：@Smooth_Reader

5.4 電子書籍をいろいろな場所で読む

　iPad はわりに重い、紙の本でいうと 3cm くらいの技術書相当の重さがある。したがって満員電車でつり革につかまりながら片手で読むというような使い方は難しい。椅子に座ったとしても空中に浮かせて長い時間読むのはつらい。そのため、テーブルや膝の上に縁をあてて読むという使い方になる。iPad 単体では縁が薄いため持ちにくいし、底が膨らんでいるのでテーブルの上に置くとくるくる廻ってしまう。実用上は保護のためもあり適当なケースに入れて使うのがよい。手で持ったときに持ちやすいものを選ぶとよいだろう。

　防水ケースに入れればお風呂で読むこともできる。お勧めはマリンスポーツ用に昔から各種防水ケースをつくっている Aquapac 社の Large Case 664 というもの。A4 サイズの紙が入るサイズで、iPad を入れるとちょっと大きいが、レバー式で開閉が簡単。封止する部分以外はビニールのように柔らかい素材だ。もちろんケースの外から iPad の操作はできるし、画面もわりに見やすい。シャワーの水がかかったり風呂の中に落としても内部に水は侵入しない。(Aquapac 社からは他にも Large Whanganui Electronics Case (668) が iPad サイズとして発売されている。)

図 5.24　防水ケースに入れた iPad

5.5 さいごに

　ここまで、自炊とは何かから自炊のノウハウまでを述べてきた。最初は本を断裁するのにためらったり、作業でとまどったりすることもあるだろう。だが、自分の電子書籍本棚に本が増えていくのは楽しいものである。また自炊によって、一度に多くの本を持ち運びできて時間や場所にとらわれない自由な読書ができるようになる。ぜひ自分のスタイルで読書を楽しんでもらいたい。

本書の関連情報を当社 web サイトでご案内しています。
http://www.personal-media.co.jp/book/

※本書は iPad 用 PDF リーダー「Smooth Reader」付属の『Smooth Reader 活用マニュアル』
　を基に加筆修正を行い、新たに構成し直したものです。

自分でつくる電子本
蔵書家のための自炊徹底入門

2011年5月10日　初版1刷発行

著　者　　自炊本愛好会
　　　　　　©2011 自炊本愛好会

発行所　　パーソナルメディア株式会社
　　　　　　〒141-0031　東京都品川区西五反田 1-29-1　コイズミビル
　　　　　　TEL　(03)5759-8303
　　　　　　FAX　(03)5759-8306
　　　　　　pub@personal-media.co.jp
　　　　　　http://www.personal-media.co.jp/

印刷・製本　日経印刷株式会社

Printed in Japan
ISBN978-4-89362-271-6 C3004

付録　自炊ワークブック

付録の使い方

　本書の「付録　自炊ワークブック」には、本のサイズや紙のサイズなどの参考資料、本書で使用しているシートや設定データ一覧、そして、蔵書を裁断する前にあらかじめスキャンの調整等を行えるようなスキャン用の各種サンプルを用意した。

　付録 4 は、本文 p.47 〜 49 で使用しているスキャンチェック用のシートである（本文中では Microsoft の Excel を使用している）。

　付録 5 は ScanSnap の設定一覧表である。記入されているのは本書で使用した設定値となっている。読み取りモードとそのオプションについては、自分で好みの設定値を書き込めるように空欄を設置してあるので活用してほしい。

　付録 6 〜 8 までは、スキャンテスト用のサンプルとなっている。文庫サイズ、新書サイズ、読み物用の四六判サンプル（1 段組み、2 段組みの 2 パターン）、イラストページ、図版ページ（A5 判）を取りそろえてある。付録 6 の文庫、新書、四六判については、仕上がり線で切り取ってもらう必要があるが、それぞれのサイズに切り取って、スキャンすれば、それぞれの本のタイプにおける自分の電子書籍端末での表示具合を確認できるようになっている。表示具合によって、スキャン設定の調整や自分好みの設定を見つけるとよいだろう。

　付録 9 は、大小の文字を明朝体、ゴシック体で一覧にしてある。文字サイズによるスキャン読み取り具合、端末での表示具合を見て調整するのに役立ててほしい。

※付録ページの切り取り線（付録 6 を除く）は、切り離しやすいように自炊用の裁断用の幅（本の背より 3 〜 5mm）より大きくなっている。（付録 7、8 は実際の A5 判より横幅が小さくなる。）

付録1 おもな本のサイズ一覧

書籍のタイプによっては会社によってサイズが異なる場合がある。また、変型判の場合はサイズが異なる。

判型	寸法 (mm)	使用される本の種類
B4 判	257 × 364	画集・グラフ雑誌など
A4 判	210 × 297	写真集・美術全集・グラフ雑誌など
AB 判	210 × 257	雑誌など。ワイド判ともよぶ。
B5 判	182 × 257	週刊誌・一般雑誌など
菊判	152 × 218	単行本など
A5 判	148 × 210	学術書・文芸雑誌・総合雑誌・教科書など
四六判	127 × 188	単行本など
B6 判	128 × 182	単行本・コミックの単行本など
新書判	103 × 182 105 × 173	新書本・コミックの単行本など。
A6 判	105 × 148	文庫本

付録2 紙のサイズ一覧と紙の取り方

A 判

サイズ	寸法（mm）
A0	841 × 1189
A1	594 × 841
A2	420 × 594
A3	297 × 420
A4	210 × 297
A5	148 × 210
A6	105 × 148
A7	74 × 105
A8	52 × 74
A9	37 × 52
A10	26 × 37

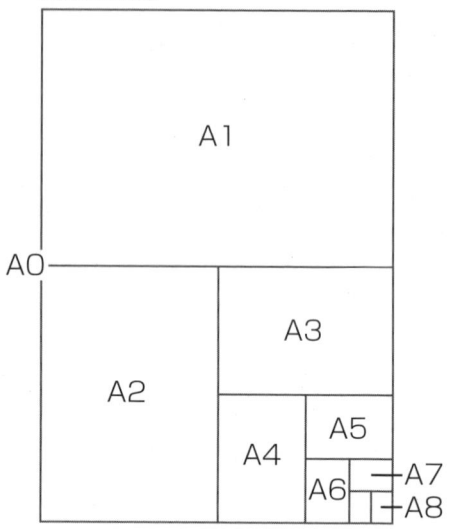

B 判（JIS 規格）

サイズ	寸法(mm)
B0	1030 × 1456
B1	728 × 1030
B2	515 × 728
B3	364 × 515
B4	257 × 364
B5	182 × 257
B6	128 × 182
B7	91 × 128
B8	64 × 91
B9	45 × 64
B10	32 × 45

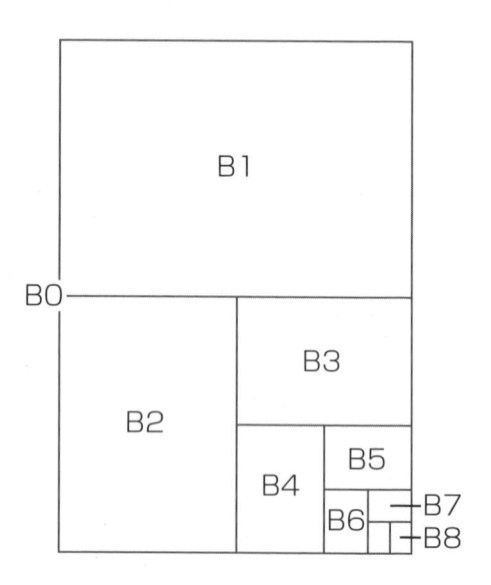

付録3 本の名称

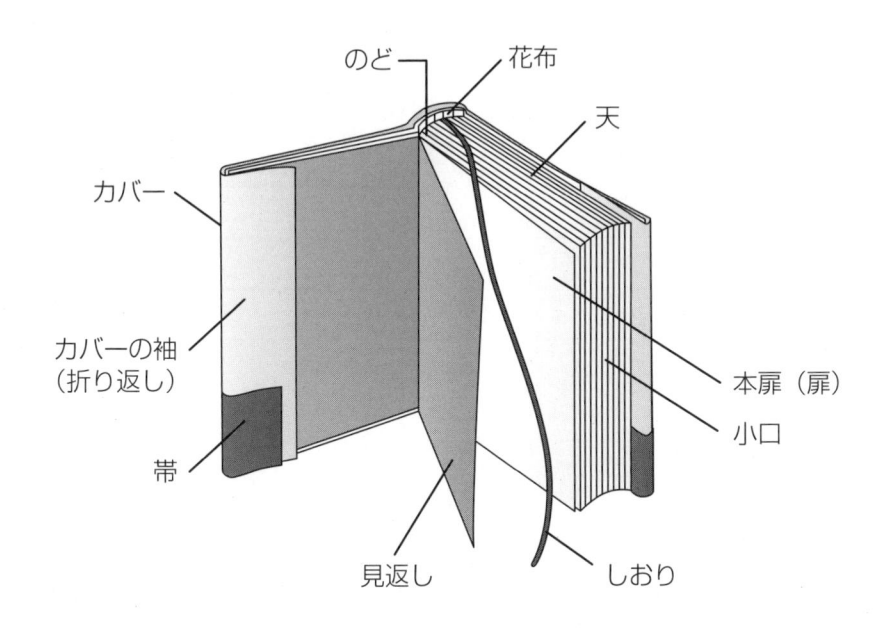

のど／花布／天／カバー／カバーの袖（折り返し）／帯／本扉（扉）／小口／見返し／しおり

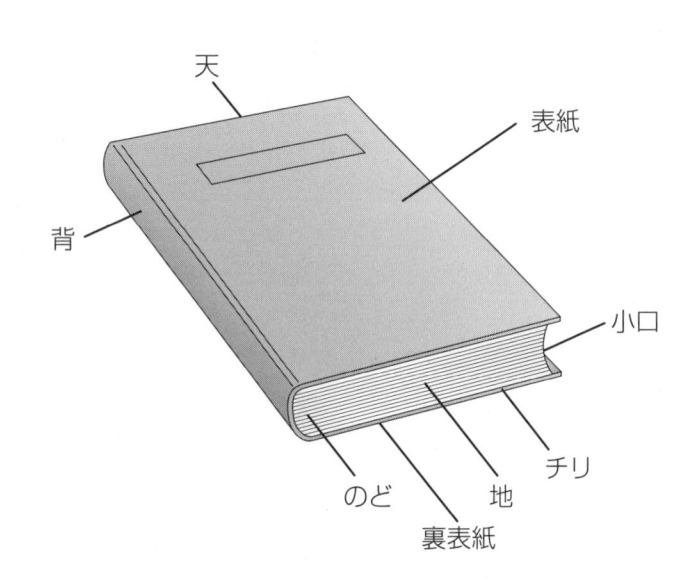

天／表紙／背／小口／のど／地／裏表紙／チリ

111

付録 自炊ワークブック

付録4 スキャンチェックメモ

書名 _____

ファイル	スキャンしたPDFのページ		本のページ	
	先頭	末尾	先頭	末尾

付録5 スキャン設定一覧表

ScanSnap Managerの設定一覧

項目		設定	メモ
起動画面	クイックメニューを使用する	OFF	
アプリ選択	読み取りの設定	標準	
アプリ選択	アプリケーションの選択	指定したフォルダに保存	
保存先	イメージの保存先	C:¥Users¥ユーザー名¥Pictures（初期設定のまま）	
保存先	ファイル名の設定	自分で名前を付けます	
ファイル形式	ファイル形式の選択	PDF (*.pdf)	
ファイル形式	テキスト認識の選択	OFF	マーカー部分の文字列をPDFのキーワードにします
ファイル形式	テキスト認識オプション	ON	検索可能なPDFにします
ファイル形式	対象言語	日本語	
ファイル形式	対象ページ	先頭ページのみ	
原稿	原稿サイズの選択	サイズ自動検出	
原稿	マルチフィード検出	重なりで検出（超音波）	
ファイルサイズ	圧縮率	3	

113

付録 自炊ワークブック

読み取りモード						オプション			
画質の選択	カラーモードの選択	読み取り面の選択	継続読み取り有効	文字をくっきり	白紙ページを削除	文字列の傾きを補正	原稿の向きを補正	原稿を上向きにセット	
モノクロ	スーパーファイン	グレー	両面読み取り	ON	ON	ON	OFF	OFF	ON
2色刷り／カラー	スーパーファイン	カラー	両面読み取り	ON	ON	ON	OFF	OFF	ON
カバー	スーパーファイン	カラー	片面読み取り	OFF	ON	ON	OFF	OFF	ON

付録6 スキャン用サンプル

文庫判

文庫判サンプル

　谷川の岸に小さな学校がありました。

　教室はたった一つでしたが生徒は三年生がないだけであとは一年から六年までみんなありました。運動場もテニスコートのくらいでしたがすぐうしろは栗の木のあるきれいな草の山でしたし運動場の隅にはごぼごぼつめたい水を噴く岩穴もあったのです。

　さわやかな九月一日の朝でした。青ぞらで風がどうと鳴り、日光は運動場いっぱいでした。黒い雪袴(ゆきばかま)をはいた二人の一年生の子がどてをまわって運動場にはいって来て、まだほかに誰(だれ)も来ていないのを見て、

「ほう、おら一等だぞ。一等だぞ。」とかわるがわる叫びながら大悦(おおよろこ)びで門をはいって来たのでしたが、ちょっと教室の中を見ますと、二人ともまるでびっくりして棒立ちになり、それから顔を見合わせてぶるぶるふるえました。がひとりはとうとう泣き出してしまいました。というわけは、そのしんとした朝の教室のなかにどこから来たのか、まるで顔も知らないおかしな赤い髪(かみ)の子供がひとり一番前の机にちゃんと座っていたのです。そしてその机といったらまったくこの泣いた子の自分の机だったのです。もひとりの子ももう半分泣きかけていましたが、それでもむりやり眼をりんと張ってそっちの方をにらめていましたら、ちょうどそのとき川上から、

「ちょうはあかぐり、ちょうはあかぐり。」と高く叫ぶ声がしてそれからまるで大きな烏(からす)のように嘉助(かすけ)が、かばんをかかえてわらって運動場へかけて来ました。と思ったらすぐ

（切り取り線）

そのあとから佐太郎だの耕助だのどやどやゝってきました。
「なして泣いでら、うなかもたのが。」嘉助が泣かないこどもの肩をつかまえて云いました。するとその子もわあと泣いてしまいました。おかしいとおもってみんながあたりを見ると教室の中にあの赤毛のおかしな子がすまして{しゃん}とすわっているのが目につきました。みんなはしんとなってしまいました。だんだんみんな女の子たちも集まって来ましたが誰も何とも云えませんでした。
赤毛の子どもは一向こわがる風もなくやっぱりちゃんと座ってじっと黒板を見ています。
すると六年生の一郎が来ました。一郎はまるでおとなのようにゆっくり大股にやってきてみんなを見て「何した。」とききました。みんなははじめてがやがや声をたててその教室の中の変な子を指しました。一郎はしばらくそっちを見ていましたがやがて鞄をしっかりかかえてさっさと窓の下へ行きました。
みんなもすっかり元気になってついて行きました。
「誰だ、時間にならないに教室へはいってるのは。」一郎は窓へはいのぼって教室の中へ顔をつき出して云いました。
「お天気のいい時教室さ入ってるづど先生にうんと叱らえるぞ。」窓の下の耕助が云いました。

新書判

新書判サンプル

　谷川の岸に小さな学校がありました。
　教室はたった一つでしたが生徒は三年生がないだけであとは一年から六年までみんなありました。運動場もテニスコートのくらいでしたがすぐうしろは栗の木のあるきれいな草の山でしたし運動場の隅にはごぼごぼつめたい水を噴く岩穴もあったのです。
　さわやかな九月一日の朝でした。青ぞらで風がどうと鳴り、日光は運動場いっぱいでした。黒い雪袴をはいた二人の一年生の子がどてをまわって運動場にはいって来て、まだほかに誰も来ていないのを見て、
「ほう、おら一等だぞ。一等だぞ。」とかわるがわる叫びながら大悦びで門をはいって来たのでしたが、ちょっと教室の中を見ますと、二人ともまるでびっくりして棒立ちになり、それから顔を見合わせてぶるぶるふるえました。というわけは、そのしんとした朝の教室のなかにどこから来たのか、まるで顔も知らないおかしな赤い髪の子供がひとり一番前の机にちゃんと座っていたのです。そしてその机といったらまったくこの泣いた子の自分の机だったのです。もひとりの子ももう半分泣きかけていましたが、それでもむりやり眼をりんと張ってそっちの方をにらめていましたら、ちょうどそのとき川上から、
「ちょうはあかぐり、ちょうはあかぐり。」と高く叫ぶ声がしてそれからまるで大きな烏の

（切り取り線）

117

ように嘉助が、かばんをかかえてわらって運動場へかけて来ました。と思ったらすぐそのあとから佐太郎だの耕助だのどやややってきました。
「なして泣いでら、うなかもたのが。」嘉助が泣かないこどもの肩をつかまえて云いました。するとその子もわあと泣いてしまいました。おかしいとおもってみんながあたりを見ると教室の中にあの赤毛のおかしな子がすましてしゃんとすわっているのが目につきました。みんなはしんとなってしまいました。だんだんみんな女の子たちも集まって来ましたが誰も何とも云えませんでした。
赤毛の子どもは一向こわがる風もなくやっぱりちゃんと座ってじっと黒板を見ています。
すると六年生の一郎が来ました。一郎はまるでおとなのようにゆっくり大股にやってきてみんなを見て「何した。」とききました。みんなははじめてがやがや声をたててその教室の中の変な子を指しました。一郎はしばらくそっちを見ていましたがやがて鞄をしっかりかえてさっさと窓の下へ行きました。
みんなもすっかり元気になってついて行きました。
「誰だ、時間にならないに教室へはいってるのは。」一郎は窓へはいのぼって教室の中へ顔をつき出して云いました。
「お天気のいい時教室さ入ってるづど先生にうんと叱らえるぞ。」窓の下の耕助が云いまし

四六判サンプル

　谷川の岸に小さな学校がありました。
　教室はたった一つでしたが生徒は三年生がないだけであとは一年から六年までみんなありました。
　運動場もテニスコートのくらいでしたがすぐうしろは栗の木のあるきれいな草の山でしたし運動場の隅にはごぼごぼつめたい水を噴く岩穴もあったのです。
　さわやかな九月一日の朝でした。青ぞらで風がどうと鳴り、日光は運動場いっぱいでした。黒い雪袴(ゆきばかま)をはいた二人の一年生の子がどてをまわって運動場にはいって来て、まだほかに誰(だれ)も来ていないのを見て、
「ほう、おら一等だぞ。一等だぞ。」とかわるがわる叫びながら大悦(おおよろこ)びで門をはいって来たのでしたが、ちょっと教室の中を見ますと、二人ともまるでびっくりして棒立ちになり、それから顔を見合わせてぶるぶるふるえました。がひとりはとうとう泣き出してしまいました。というわけは、そのしんとした朝の教室のなかにどこから来たのか、まるで顔も知らないおかしな赤い髪の子供がひとり一番前の机にちゃんと座っていたのです。そしてその机といったらまったくこの泣いた子の自分の机だったのです。もひとりの子ももう半分泣きかけていましたが、それでもむりやり眼をりんと張ってそっちの方をにらめていましたら、ちょうどそのとき川上から、
「ちょうはあかぐり、ちょうはあかぐり。」と高く叫ぶ声がしてそれからまるで大きな烏(からす)のように嘉助(かすけ)が、かばんをかかえてわらって運動場へかけて来ました。と思ったらすぐそのあとから佐太郎(さたろう)だの耕助(こうすけ)だのどやどやゝゝやってきました。

119

「なして泣いでら、うなかもたのが。」嘉助が泣かないこどもの肩をつかまえて云いました。するとその子もわあと泣いてしまいました。おかしいとおもってみんながあたりを見ると教室の中にあの赤毛のおかしな子がすましてしゃんとすわっているのが目につきました。だんだんみんな女の子たちも集まって来ましたが誰も何とも云えませんでした。みんなはしんとなってしまいました。

赤毛の子どもは一向こわがる風もなくやっぱりちゃんと座ってじっと大きな黒板を見ています。

すると六年生の一郎が来ました。一郎はまるでおとなのようにゆっくり大股にやってきてみんなを見て「何した。」とききました。みんなははじめてがやがや声をたててその教室の中の変な子を指しました。一郎はしばらくそっちを見ていましたがやがて鞄をしっかりかかえてさっさと窓の下へ行きました。

みんなもすっかり元気になってついて行きました。

「誰だ、時間にならないに教室へはいってるのは。」一郎は窓へはいのぼって教室の中へ顔をつき出して云いました。

「お天気のいい時教室さ入ってるづど先生にうんと叱らえるぞ。」窓の下の耕助が言いました。

「叱らえでもおら知らないよ。」嘉助が云いました。

「早ぐ出はって来、出はって来。」一郎が云いました。けれどもそのこどもはきょろきょろ室の中やみんなのほうを見るばかりでやっぱりちゃんとひざに手をおいて腰掛に座っていました。変てこな鼠いろのだぶだぶの上着を着て、白い半ずぜんたいその形からが実におかしいのでした。

谷川の岸に小さな学校がありました。
教室はたった一つでしたが生徒は三年生がないだ
けであとは一年から六年までみんなあbr、すぐう一ありました。運
動場もテニスコートのくらいでしたがすぐうしろは
栗の木のあるきれいな草の山でしたし運動場の隅に
はごぼごぼつめたい水を噴く岩穴もあったのです。
　さわやかな九月一日の朝でした。青ぞらで風が
どうと鳴り、日光は運動場いっぱいでした。黒い
雪袴（ゆきばかま）をはいた二人の一年生の子がどてをまわって
運動場にはいって来て、まだほかに誰（だれ）も来ていない
のを見て、
「ほう、おら一等だぞ。一等だぞ。」とかわるがわ
る叫（おおよろこ）びながら大悦びで門をはいって来たのでした
が、ちょっと教室の中を見ますと、二人ともまるで
びっくりして棒立ちになり、それから顔を見合わせ
てぶるぶるふるえました。がひとりはとうとう泣き
出してしまいました。というわけは、そのしんとし
た朝の教室のなかにどこから来たのか、まるで顔も
知らないおかしな赤い髪（かみ）の子供がひとり一番前の机
にちゃんと座っていたのです。そしてその机といっ
たらまったくこの泣いた子の自分の机だったので

す。もひとりの子ももう半分泣きかけていました
が、それでもむりやり眼をりんと張ってそっちの
方をにらめていましたら、ちょうどそのとき川上
から、
「ちょうはあかぐり、ちょうはあかぐり。」と高く
叫ぶ声がしてそれからまるで大きな烏（からす）のように嘉
助（かすけ）が、かばんをかかえてわらって運動場へかけて
来ました。と思ったらすぐそのあとから佐太郎（さたろう）だ
の耕助（こうすけ）だのどやややってきました。
「なして泣いでら、うなかもたのが。」嘉助が泣か
ないこどもの肩をつかまえて云いました。するとそ
の子もわあと泣いてしまいました。おかしいとお
もってみんながあたりを見ると教室の中にあの赤毛
のおかしな子がすましてしゃんとすわっているのが
目につきました。みんなはしんとなってしまいまし
た。だんだんみんな女の子たちも集まって来まし
たが誰（だれ）も何とも云えませんでした。
　赤毛の子どもは一向こわがる風もなくやっぱり
ちゃんと座ってじっと黒板を見ています。
　すると六年生の一郎（いちろう）が来ました。一郎はまるでお
となのようにゆっくり大股（おおまた）にやってきてみんなを見

「何した。」とききました。みんなははじめてがやがや声をたててその教室の中の変な子を指しました。一郎はしばらくそっちを見ていましたがやがて鞄をしっかりかかえてさっさと窓の下へ行きました。
　みんなもすっかり元気になってついて行きました。
　「お天気のいい時教室さ入ってるづど先生にうんと叱らえるぞ。」窓の下の耕助が云いました。
　「叱らえでもおら知らないよ。」嘉助が云い出して云いました。
　「誰だ、時間にならないに教室へはいってるのは。」一郎は窓へはいのぼって教室の中へ顔をつき出して云いました。
　けれどもそのこどもはきょろきょろ室の中やみんなのほうを見るばかりでやっぱりちゃんとひざに手をおいて腰掛に座っていました。
　「早ぐ出はって来、出はって来。」一郎が云いました。
　ぜんたいその形からが実におかしいのでした。変てこな鼠いろのだぶだぶの上着を着て、白い半ずぼんをはいてそれに赤い革の半靴をはいていたので

す。それに顔といったらまるで熟した苹果のように眼はまん円でまっくろなのでした。一郎も全く困ってしまいました。
　「あいづは外国人だな。」「学校さ入るのだな。」みんなはがやがやがやがや云いました。ところが五年生の嘉助がいきなり、
　「ああ三年生さ入るのだ。」と叫びましたので「あそうだ。」と小さいこどもらは思いましたが一郎はだまってくびをまげました。
　変なこどもはやはりきょろきょろこっちを見るだけきちんと腰掛けています。
　そのとき風がどうと吹いて来て教室のガラス戸はみんながたがたと鳴り、学校のうしろの山の萱や栗の木はみんな変に青じろくなってゆれ、教室のなかのこどもは何だかにやっとわらってこしゅごいたようでした。すると嘉助がすぐ叫びました。「ああわかった。あいつは風の又三郎だぞ。」そうだとみんなもおもったとき俄にうしろのほうで五郎が「わあ、痛いじゃあ。」と叫びました。

宮沢賢治『風の又三郎』より

付録7 スキャン用サンプル イラスト

読める？

問題

ヒント 天気予報をよく見てね

123

付録 自炊ワークブック

解説

答え：雨が降ったら、釣りは中止ね。

解説

① 雨が降る。天から雨が落ちてくるようす。
② 否定のしるし。
③ 座っている人。
④ 船。
⑤ 釣り。釣りざおを水の中に垂らしています。
⑥ 海。
⑦ さかな。

　否定をあらわす「〜」があるので「釣りをしない」の意味になります。つまり、「雨が降ったら釣りをしない」。
　「〜」を「🐟」の上に書くと、「雨が降らなかったら釣りをしよう」に変わるよ。

p.123〜124『トンパ!!』（トンパであそぼう会編、パーソナルメディア）より

付録8 スキャン用サンプル 図版

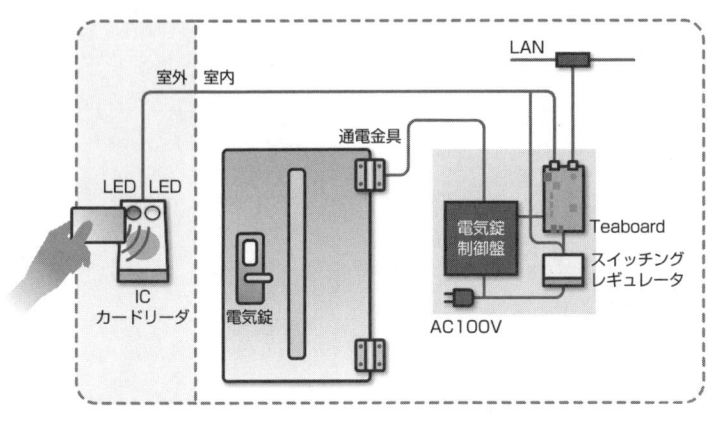

図 2.1　Teaboard を組み込んだ IC カード式電気錠システム

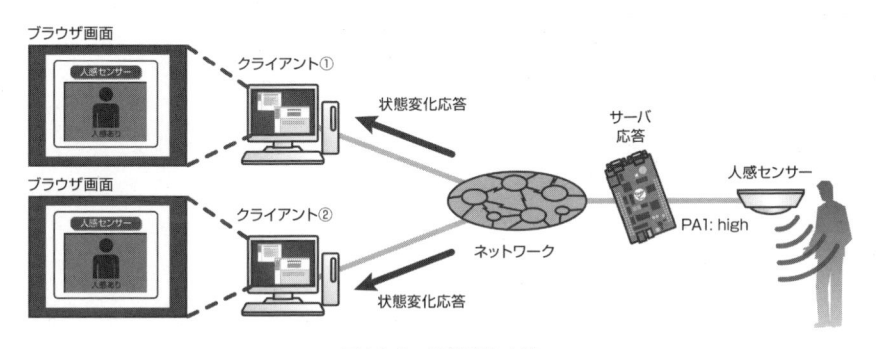

図 11.3　状態変化応答

付録 自炊ワークブック

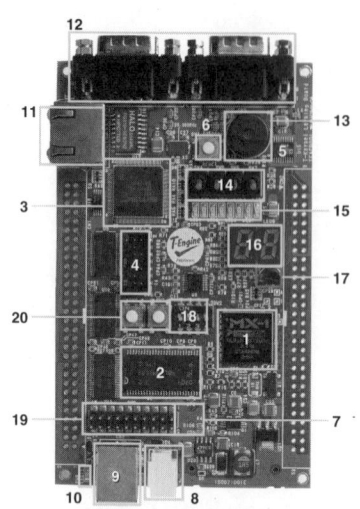

Teaboard の CPU 面

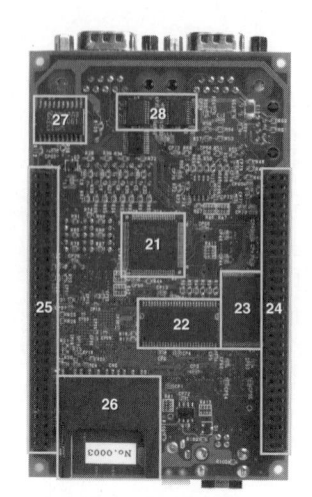

Teaboard の裏面

1 CPU：MC9328MX1
2 SDRAM（裏面にもあります）
3 LAN コントローラ
4 CPLD 書込みコネクタ
5 D/A コンバータ
6 リセットスイッチ
7 CPU モードスイッチ
8 電源コネクタ
9 USB Type-B コネクタ
10 電源 LED
11 ネットワークコネクタ
12 RS-232C コネクタ
13 ブザー
14 トグルスイッチ
15 チップ LED
16 7 セグメント LED
17 温度センサ
18 ディップスイッチ
19 JTAG コネクタ
20 プッシュスイッチ
21 CPLD
22 SDRAM（CPU 面にもあります）
23 Flash ROM
24 拡張バスコネクタ取付端子（コネクタは未実装）
25 I/O コネクタ取付端子（コネクタは未実装）
26 SD カードスロット
27 A/D コンバータ
28 RS-232C レベルコンバータ

図 2.2　Teaboard の表面（CPU 面）と裏面

p.125 〜 126 『実践 TRON 組込みプログラミング』（パーソナルメディア編著、パーソナルメディア）より

付録9 スキャン用サンプル 文字サイズ一覧

明朝体

（ポイント）

7	自分でつくる電子本□○
7.5	自分でつくる電子本□○
8	自分でつくる電子本□○
8.5	自分でつくる電子本□○
9	自分でつくる電子本□○
9.5	自分でつくる電子本□○
10	自分でつくる電子本□○
10.5	自分でつくる電子本□○
11	自分でつくる電子本□○
12	自分でつくる電子本□○
14	自分でつくる電子本□○
16	自分でつくる電子本□○
18	自分でつくる電子本□○
20	自分でつくる電子本□○
24	自分でつくる電子本□○
28	自分でつくる電子本□
32	自分でつくる電子本
36	自分でつくる電子
40	自分でつくる電
48	自分でつくる

付録 自炊ワークブック

ゴシック体

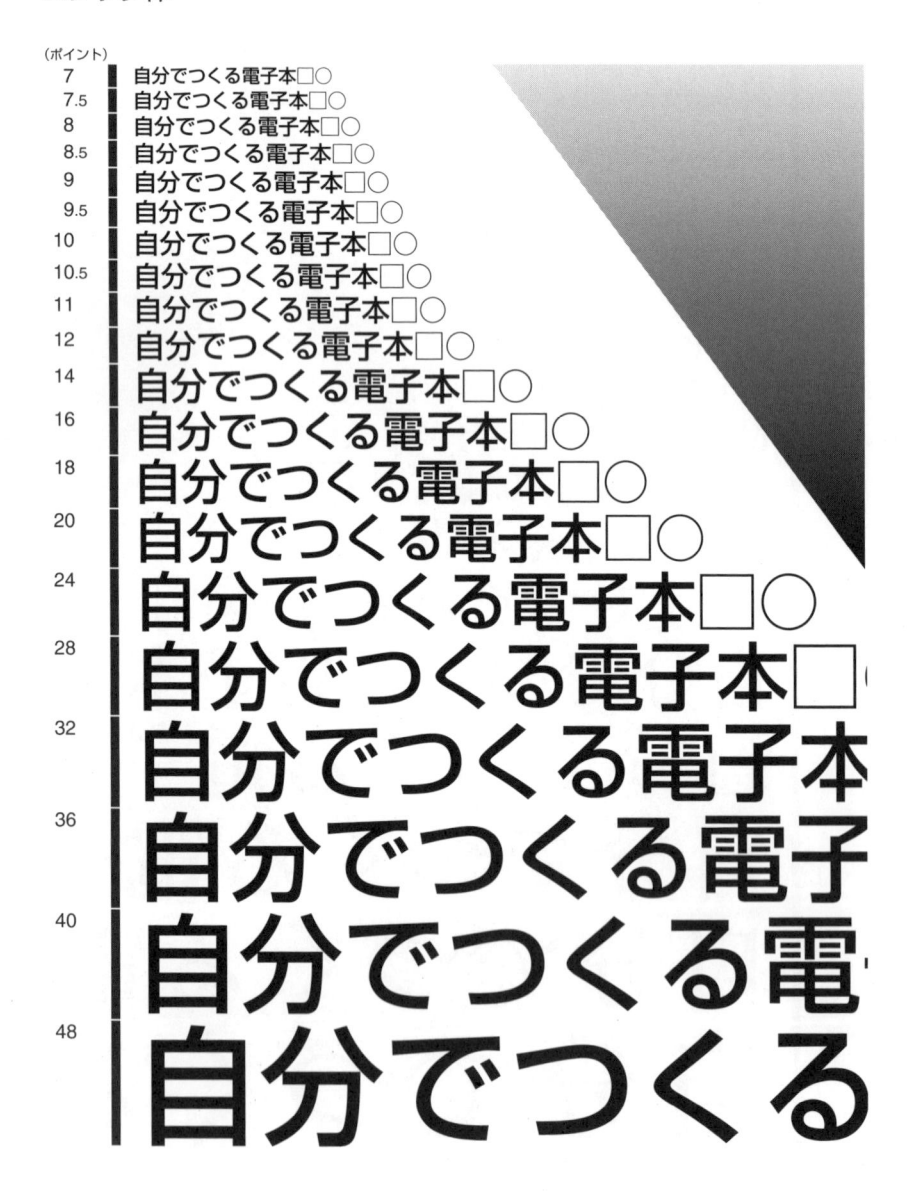

(ポイント)

7	自分でつくる電子本□○
7.5	自分でつくる電子本□○
8	自分でつくる電子本□○
8.5	自分でつくる電子本□○
9	自分でつくる電子本□○
9.5	自分でつくる電子本□○
10	自分でつくる電子本□○
10.5	自分でつくる電子本□○
11	自分でつくる電子本□○
12	自分でつくる電子本□○
14	自分でつくる電子本□○
16	自分でつくる電子本□○
18	自分でつくる電子本□○
20	自分でつくる電子本□○
24	自分でつくる電子本□○
28	自分でつくる電子本□○
32	自分でつくる電子本
36	自分でつくる電子
40	自分でつくる電
48	自分でつくる